Alle Rechte der Verbreitung, auch durch Film, Funk und Fernsehen, fotomechanische Wiedergabe, Tonträger, elektronische Datenträger und auszugsweisen Nachdruck, sind vorbehalten.

Für den Inhalt und die Korrektur zeichnet der Autor verantwortlich.

© 2018 united p. c. Verlag

Gedruckt in der Europäischen Union auf umweltfreundlichem, chlor- und säurefrei gebleichtem Papier.

www.united-pc.eu

Hanno Hartwig

Helle Fenster

Gedichte

2. Auflage

I

Ein Havelmorgen

Noch schweigt in der Morgenstunde
das aufgeregte Leben.
Die Havel fließt im Ufergrunde,
den Tag begrüßend – Wellen wiegen,

Silbrig glänzend, schilfgesäumt,
vom ersten Licht berührt.
Wachend halb, noch wie verträumt,
ein Blesshuhnpärchen irrt.

Die Sonne küsst mit roten Strahlen,
das heimatliche Bild,
und lichterfüllte Farben malen
sich flüchtig in die Welt.

Ein Dunst aus feinem Nebel,
liegt auf dem Wasser, leicht bewegt,
wie ein glitzerndes Gewebe
das geisterhaft vorüber schwebt.

In dem Schatten alter Bäume
raschelt es in Schilf und Laub.
Vogelstimmen, Tiergeräusche,
werden in den Sträuchern laut.

Noch schweigt das aufgeregte Leben.
Nur die Natur erwacht
und hat mit zwitscherndem Erregen
dem Morgenrot sich dargebracht.

II

U-Bahnhof Zoo

Dein Blick
auf der Suche nach Leben,
entlädt sich auf dem Bahnhof
haltloser noch.

Irrweggeeicht.

Und die Begegnung, unsere
ein an die Wand geworfenes Schattenspiel,
wirkt namenloser
in dem Tunnel der Nacht,
weil dein Kuss verbrennt,
als Schmetterlingssekunde
im Schrei
heißen Metalls.

Abseits (Hommage an Theodor Storm)

Wo die Stille
aus den Zweigen fällt,
hingespuckt ein letztes Firmament:
Gut' Nacht.

Morgens flammt es rot
auf Zinnen nieder,
ein Auge guckt verloren
an der schönen Aussicht vorbei.

Ein bisschen Heidelied,
ein bisschen Storm.
– Superromantisch –
fast wie botanischer Garten.

Aber abseits ist es aus.
Hornissen zerstachen
den Sohn des alten Kätners.
Deshalb trinkt der nun

Den Fusel auf ex
und bleibt, solange der Kremser
mit den Touristen nicht zurück,
auf Warteposition.

Mondkreis

Der Mond trägt
Schattenspiele im Gesicht,
wenn dunkle Wolkenherden
durch die Amplituden
der Morgenschleier ziehen.

Der Horizont
lässt ihn vom Himmel tropfen,
sternenbekränzt,
und die Herzen der Nacht
schnitzen ihre Siegel in den Tag.

Hörst du den Ruf der Eulen,
wie sie um ihre Beute buhlen
und ihre Schwingen in den Wald verhaken,
um zu träumen
mit dem fliehenden Mond?

Der Falke schraubt sich
in das Firmament des Tages.
Er kennt nicht die Geister der Nacht,
die lautlosen Schatten,
die im Kreis des Mondes wohnen.

Bei Erdarbeiten auf dem ehemaligen Flughafen Gatow

Bei Erdarbeiten,
auf dem ehemaligen Flughafen Gatow,
wurde das Skelett
eines Soldaten gefunden.
Die Glieder verdreht,
und das erste Mal wieder
von der Sonne beschienen.
So führt die Geschichte Buch:
       Knochen, Schädel,
    eine kaum noch erkennbare Uniform,
während die Riemen des vermoderten Rucksacks halten.

Held oder Mörder?
Soldat oder Opfer?

Was ich darüber denke
kann ich dir nicht sagen.
Ein Urteil zu fällen ist schwierig.

Das Einzige, was mir
in den Sinn kommt, ist,
dass ich Lilien mag,
Wiesen mit Butterblumen
und Birken.
Vor allem wenn der Wind
durch ihre Kronen weht,
klingt es wie zärtliche Schellen,
die ganz leise klappern.

Angeldust

Göttin,
engelsgleich weinst du
deinen verlorenen Lieben nach,
die in den Tunneln
immer noch
Nachtwachen schieben.
Schlammbad eingeplant.

Das macht deinem Teint keinen Abbruch,
den du durch die vielen durchfickten Nächte
bekommen hast.

Lachnummer!
NANA oder MUMU
Mamatochter
oder
Puppenmädchen!

Immer warst du der Haken,
an den dein Vater seine Hose hing,
an dem er seine Lust fand,
bis dein Pflasterstein ihn traf,
ins Mark.

Jetzt bist du engelsgleich.
Göttin!
Bist das, was man
mit drei Buchstaben benennt,
nach all den brennenden Tagen,
an denen du versuchtest
deine Scham zu verdecken,
deine blutigen Knie
vor der Jungfrau Maria,

diesem farbigen Holzklotz,
der dir nie half.
NIEMALS!

Selbst als du dir
den Finger in den Hals stecktest
und alles aus dir herausholtest,
was in dir drin war,
half sie dir nicht.

Göttin!
Engelsgleich!
Silberne Nymphe!
Du bist
ausgestattet,
weiß und gültig
mit den Attributen deines heiligen Geschlechts.

Irgendwo zittert eine Gitarre mit ihren Saiten,
hält ihren Korpus offen
für neue Töne,
so wie du,
während du abhebst.
mit einem federnden Sprung
vom Geländer der Brücke,
die hoch ist.

So hoch, dass du Zeit hast,
die Sekunden
mit dem Schlag deiner Wimpern
zu zählen.

I

Stille

Etwas wie Stille
weht mir in die Augen.

Über den See mir zugewandt
unbelaubte Erlen.

Ferne Wipfel reflektieren
ein Stück Himmel.

Am Ufer die wenigen Häuser,
werfen gläserne Schatten.

Enten spielen mit ihnen
Ringewerfen.

Gestreute Sehnsucht

Du suchst deinen Namen
im Tagesstaub,
der dich bedeckt.

Du suchst deinen Namen,
weil deine Tränen
mein Gesicht berühren.

Dein Herz ist eine
in die Haut tätowierte
Begierde,
die dich frösteln lässt.

Inselgrün
trägst du mir hinterher.
Blüten bestimmen
den Wellengang
deiner Gefühle.

Warum ist der Apfel
die Frucht der Sünde?
Sein Kerngehäuse
ist ewiger
als Stundenliebe.

Frühlingsanfang

Der meteorologische Frühlingsanfang
beherrscht sein Einmaleins heute.
Er trägt geputztes Licht auf die Straße,
die ihr Grau gelassener trägt.

Baumskelette spüren verlorenes Leben auf,
und die Stadt scheint sich
an die Baustellen gewöhnt zu haben.
Der Tag verstreut Krokusse.

Und das Zentralgestirn
zeichnet ein Ja
in vorüberwehende Gesichter.

Mir bleibt nichts anderes übrig,
als die Augen zusammenzukneifen
und ein Lächeln zu imitieren.

Da war nichts weiter – Eine Anklage

Nur der Staub der
Bombennächte
und das Runterrennen
in den Keller, sagte sie.

Lästig
war das.
Und die ausgezehrten Gesichter

und die Schreie der Kinder
und wenn es wieder
einen Nachbarn erwischt hatte,

sagte sie,
und saß dabei
auf der Couch
bei einer Tasse Kaffee.

Sie hatte die Beine übereinandergeschlagen
und sprach von den letzten Tagen,
als diktiere sie einen Einkaufszettel.

Schwierigkeiten
hatte sie nie gehabt.
„Arisch,
wissen Sie";
und ihre Stimme klang rau,
wie das Knistern von altem Zeitungspapier.

Die anderen?
Die wurden abgeholt.
Gewundert hatte sie das schon, am Anfang,
aber sie selbst hatte nie Schwierigkeiten gehabt;

man lobte ihr Haar, sagte sie
und strich sich dabei
eine Strähne aus dem Gesicht.

Die anderen,
die dann nicht wiederkamen,
mit denen
hatte sie nie was zu tun.

Erwachen

Der harte Kontrast
zwischen Straße und Schnee
ist matter geworden.
Ein sanftes Licht
taucht alles
in wärmere Töne.

Grund zur Hoffnung.

Denn auch der angebissene Apfel
in meiner Hand
und das Gesteck an der Tapete,
jene zu Tode getrocknete Zerbrechlichkeit,
weiß um den Frühling.

Frühjahrsputz

Die Luft tränkt sich mit allerlei
Dieselgeschmack und Blütengerüchen.

Kein blaues Band zieht vorbei,
nur die Nachtfröste werden seltener.
Häufiger beginnt es zu regnen,
weshalb die Scheibenwischer
angestellt werden müssen.

Röcke werden kürzer.
Die Sprache ordinärer.
Vögel balzen
und bauen Nester.

Kein bedeutendes Gefühl
begleitet die Arbeitssuchenden.
Die Mittelstreifen werden geharkt.
Das letzte Granulat
durch die Stadtreinigung entfernt.

Es ist nichts Besonderes,
nur das Frühjahr wird geputzt.

Boot auf den Wellen

Und es war Sommer in jenen Tagen.
Hand in Hand suchten wir,
das Meer im Rücken, Bernsteine
im Schlick der Sandbank.

Du warst bereit,
unter dem Flügel der Möwe
mit meinem Schatten zu spielen.
Wir lagen wie Fische im Gras.

Das Korn nickte uns
zwischen den Ritualen der Küsse zu,
die wir, verspielt wie wir waren,
in die Luft wie goldene Ringe warfen.

Meine Augen

Meine Augen
sind kleine Schiffe aus Papier.
Im Schilf bleiben sie hängen.

Nah bei dem Stein,
der sein Gedicht
in die Rinde alter Bäume schreibt,
die am Ufer der Havel stehen.

Wenn ich seine Worte berühre,
fühle ich den Schmerz einer vergessenen Zeit
und den Mond, der silberne Fäden spinnt.

Auf dem Weg
bleibt das Gesagte
eine Spur im Gesicht.

Pulsschlag

Was du den brennenden Wolken entgegenwirfst,
morgens,
nach dem Erwachen,
bevor du die Lungen füllst
und die Nabelschnur zerschneidest,
ist der Pulsschlag,
der dich einholt
am Ende des Tages.

An einem Sonntag

Es war ein sonniger Tag,
und ich sah den Tod
in Gestalt eines Alten.

Er kam uns entgegen
und fragte nach dem Weg
zu einem Friedhof.

Er sah mich an,
und ich spürte eine Kälte,
die von ihm ausging.

Seine Augen,
wässrig und blass,
sahen tief in mich hinein.

Ich grub meine Hand
in die Hand meines Vaters,
der mich fest hielt,

Während ich mich an ihn schmiegte
wie an einen knorrigen Baum.

Als er weiterging, der Alte,
langsam hinkend,
sah ich ihm noch lang hinterher.

So lange, bis er verschwunden war.

Symbiose

Schon lange hatte er den Abschied kommen sehen.
Den Abschied von dem Baum, der den Ball in der
 Krone trug,
den er damals als Kind in die Äste geschossen hatte,
und der zu einem Relikt seiner Kindheit geworden war,
die von der Plastikhaut herabtropfte in seine Augen.

Jedes Mal, wenn er nach oben sah,
schien ihm ein Lächeln angebracht,
und er träumte von Tagen und Jahren,
von der Zeit, in der er so vieles versäumt und verloren
 hatte.
Doch für ihn glich der Ball die Erinnerung aus,
die er in die Rinde des Baumes sprach,

Weil der Baum ein Teil seines Lebens war,
und ein Teil von ihm in der Krone steckte,
als ein Ball, der eine Luft in sich trug
die sein Vater vor Ewigkeiten
mit einer Luftpumpe
hineingepumpt hatte.

Irgendwie fühlte er diese Luft auch in sich,
als eine Leere, die, je älter er wurde,
keinen Bezug
zur Wirklichkeit hatte, weil sie
zu einem Synonym geworden war,
das ihn begleitete,
weit über die Zeit seiner Jugend hinaus.

Aber der Baum blieb die Konstante,
an die er sich hielt,
wenn er wieder einmal an sich selbst

zu zerbrechen drohte.

Der Baum stand verwurzelt und fest,
mit sich und der Welt im Einklang,
jedes Wetter ertragend,
jede Jahreszeit durchlebend,
im Gleichmut des unabänderlichen Ortes,
der nur die Drehung der Erde als Bewegung kennt
und vielleicht noch den Wind, wenn dieser
als Sturm das Laub von den Ästen zu fegen begann.

Aber immer blieben der Baum und der Ball
unbeweglich und vereint
mit ihm und der Zeit,
und solange er leben würde,
würde dieses Bild an der Krümmung des Weges,
neben dem Stein und der alten Forsythie
etwas Großes, etwas Vertrautes sein,
etwas, das da war,
da war für ihn.

Tag für Tag goss sich sein „Hallo" auf die Wurzeln,
strich seine Hand über die Rinde des Baumes,
berührte er die Furchen
mit seinem Finger,
als wäre er ein Gott, der in einen Kontinent
Flüsse und Berge malt.

So sah er sich, wenn er sich vorstellte
etwas Großes zu sein,
und dann sprach er mit dem Baum
und dem Ball, der in den Ästen hing,
der mit einer Luft gefüllt war,
die sein Vater vor Jahren
mit einer Luftpumpe

hineingepumpt hatte.

Andere, die ihm begegneten,
sahen nur, dass er mit sich selber sprach,
weil sich seine Lippen bewegten
und seine Schultern
einer unsichtbaren Erschütterung nachgaben.

Was wussten die schon,
die anderen,
an die er keinen Gedanken verschwendete,
denn dass der Baum ihn verstand,
würden sie niemals verstehen.

Und deshalb war er,
wie der Baum und der Ball,
verwurzelt in diesen Boden,
in dieses Stück Land,
an das Hochhäuser heranwuchsen,
Block für Block.

Bedrohliche Schatten einer anderen Zeit,
einer Zeit die sich heranfraß,
mit Lärm und Stimmen
unerbittlich und tosend wie das Meer.

Als der Baum mit dem Ball in der Krone,
den er damals als Kind in die Äste geschossen hatte,
eingekreist war,
schrie er seine Angst in die Zweige,
die noch immer gleichmütig dem Wind nachgaben,
obwohl sie spärlicher geworden waren.

In all den Jahren war Ast für Ast gebrochen,
und ein Riss zog sich quer durch den Stamm,

in dem Frost und Eis ihr Übriges taten
die Säge schließlich kommen zu lassen.

Zu hilflos, um sich zu wehren,
kämpfte er um den Baum
und den Ball seiner Kindheit.

Er kämpfte um dieses Bild,
bis die Erde ihn auffing
und sein Schluchzen
von dem Stein
und dem Zittern der alten Forsythie
aufgefangen wurde,
wie das eines sterbenden Kindes.

Denn als der Baum fiel,
fiel auch er,
und der Ball aus der Krone
wurde von einem bestiefelten Fuß
ins Dickicht getreten.

Novemberelegien

I

Was ist das für ein Leben
auf dem Asphalt der gefrorenen Sprache,
auf dem du umherirrst,
an so vielen Gesichtern vorbei.

Was ist das für ein Leben,
wo Bäume deine Begleiter sind,
voll Sehnsucht
nach dem baldigen Tod.

Und du rufst deinen Namen wie ein Fremder,
der in der Tiefe der Stadt
seinen Schatten sucht.

Gesänge wehen dir entgegen,
Ampeln schreiben dir deine Richtungen vor,
Betonfassaden spiegeln sich wider
auf deiner Haut.

Aber manchmal
legt sich auch eine Wärme
auf dein Gesicht,
wenn die Farbe eines Augenblicks
auf deine Netzhaut fällt.

II

Grün, sagst du, ist das Leben.
Nur der November
und die stinkenden Pfützen im Rinnstein
tun ihr Übriges,
um alles zur Illusion werden zu lassen.

Grün ist das Leben, sagst du,
während Tränen dein Gesicht berühren.
Wenn der Winter kommt,
kommt auch die Vergesslichkeit des Schnees,
und der Vorhang der Kälte

Lässt deinen Atem sichtbar werden.
Feiner Nebel, für Sekunden,
der die Luft berührt und vergeht.
So wie du – irgendwann,
und du weißt es.

III

Die Zigarette im Aschenbecher:
Eine sterbende Glut, die sich hingibt.
Zauber, sagst du zu dem Rauch,
der langsam aufsteigt.

Stimmen wehen herüber
und das Aneinanderknallen von Billardkugeln.
Ein Täuschungsmanöver des Lebens?
Wer bist du?
Wer wirst du morgen sein?

Vereint mit deinen Gedanken
klaubst du die letzte Zigarette aus der Schachtel.
Zweifellos Zauber, sagst du,
und ein Ring aus bläulichem Rauch
löst sich zwischen Gesprächsfetzen auf.

Das Bier betäubt deine Zunge.
Was ist Glück, fragst du dich.
Glück ist ein Schmetterling,
den du sahst,
damals im Sommer.

IV

Wieder die Havel, und Ruhe in mir.
Leises Plätschern im Schilf.
Ich sehe den November,
den Fluss und die Bäume,
die in den Himmel ragen,
als wären sie Säulen
eines uralten Tempels.

Plötzlich fühle ich dieses Lied:
„Näher, mein Gott ..."
Was soll das?
Die Titanic ist lange schon
untergegangen.
Ein Blesshuhn schlägt.

Wind frischt auf.
Der Fluss wirft sich mit seinen Wellen
ans Ufer. Wirft sich an den verlassenen Strand.
Zerrt an den Wurzeln der Weide.
Ich spüre die Kälte des Wassers,
und das Ende eines gemeinsamen Lebens.

Graugänse fliegen am Himmel.
Formieren sich zu einem Keil in der Luft.
Schnee wird fallen. Morgen schon.
Kristalle des Winters.
Tage des Abschieds.
Doch die Erle neben mir
schweigt.

Der Schritt aus dem Haus

Der Schritt aus dem Haus,
das Springen aufs Fahrrad,
das In-die-Pedale-Treten,
Tag für Tag, Büro und Computer,
telefonieren, bestimmen, verweisen.
Erklärungen abgeben. Kontrollieren.
Der Kreislauf ist immer derselbe.
Formulare ausfüllen.
Gründe für eine Rechtfertigung finden.
Blick auf die Uhr. Dazwischen
Toilettengang, Spülung und einen
Kaffee. Ein Blick in die Zeitung.
So sind die Tage, so ist das Leben.
Drei Kinder, eine Frau
und eine sich langsam entfernende
Gesundheit. Medizinisch
verordneter Tablettenkonsum.
Von Jahr zu Jahr eine deutliche
Verminderung der Leistungsfähigkeit.
Walnüsse, die ich zwischendurch esse,
Formeln, die ich zur Begrüßung
und zur Verabschiedung benutze,
haben meinen Mund ausgehöhlt,
und meine Unabhängigkeit untergraben.
So war das schon immer, wird bleiben,
heißt es: Du wurdest dazu erzogen,
darauf getrimmt.
Ich halte kurz inne.
Blicke auf ein abgemähtes Feld.
Sehe einem Blatt hinterher, das vom Wind
getrieben wird. Es steigt kurz auf,
fällt auf die Erde, als hätte es
einen epileptischen Anfall. – Es regnet.

Der Regen spült Dreck auf das Blatt.
Ich blicke auf, sehe mir den Himmel an.
Grau in grau. Ich ziehe den Reißverschluss
meiner Jacke zu, schlage den Kragen hoch.
Es ist Herbst, denke ich, und mich fröstelt.
Ich bin auf dem Weg zu einem nächsten Termin.

Nur keine „Panic"

Komm in die Halle der Träume,
und sieh die Gesichter der Demut.
Die Augen des Hungers
haben sich leer gegessen,
und deine Stirn ist heiß.
Es ist gut, sagt Johnny,
der Stellvertreter des Vergessens
auf Erden. Wir sind die Alten,
wir sind auf dem Rückzug.
Die Bilanz unserer Fehler
ist die Versöhnung,
und alles, was war und jemals sein wird,
ist das Scheitern der Körper.
Denn die Dunkelheit, Johnny,
die Dunkelheit ist längst da.
Sie senkt sich wie Blei herab
und schnürt uns die Kehlen zu.
Was willst du sagen, Johnny?
Was willst du fühlen? Es gibt
keine Börse für den unendlichen Tod.
Komm in die Halle der Träume,
in den Reichtum der Kälte.
Das Metall ist still
in der Gemeinschaft der Steine.
Daraus entsteht ein uraltes Element,
eine uralte Wahrheit, Johnny.
Komm in die Halle der Träume,
und lass ihn herabsteigen,
deinen Gott, Johnny,
vom Kreuz der Verzweiflung.

(Angeregt durch eine Short Story von Sylvia Plath)

Jahreszeiten

Alles fließt ineinander,
ohne Falten,
wie das Gedächtnis
eines Monuments.

Geisterhaft gleiten die Nächte
mit betrunkenen Wolken vorüber.
Gesichter verrutschen. Stunde
um Stunde klebt sich Erinnerung

Wie ein Plakat an die Wand.
Jemand sagt was über den Sommer,
und zersplitternd verliert sich das Jahr.

Kinder stolpern durch eiskalte Pfützen.
Zwischen uns ist es hell geworden, sagst du,
so kurz vor dem Abschied.

Egoist

WORT! – Ich schmiede dich
in dem Feuer meiner Sprache.
Ich behandle dich nicht vorsichtig.
Ich bin nicht sanft zu dir.

Ich schlage dich mit dem Hammer
meines Taktes, hänge dich
in die Kammer meines Mundes,
zermalme dich mit meinen Zähnen.

Ich betrüge dich mit meiner Zunge.
Ich zerreiße dich. Ich zerfetze dich.
Spucke dich aus, stelle dich zur Schau
und lass dich im Dreck der Straße liegen.

Und dennoch kommst du zu mir.
Umschmeichelst mich mit dem Blut
deiner Geschichten und drückst mir
deinen Stempel ins Gesicht.

Zärtlich streichst du mir über das Haar.
Kleidest mich in den Stoff deiner Bilder.
Du lässt mich schweben in meinen Träumen.
Du kommst zu mir wie eine Geliebte.

Fundstück auf Hiddensee

Die Insel war Neuland für mich.
Ein Stück Erde
mit Wasser drum rum
und komischen Wolken.

Ich war auf dem Eiland
eine Woche zu Gast
und fühlte mich fremd
mit meinen westlichen Wurzeln.

Einheimische quetschten
mit behandschuhten Händen
die Beeren des Sanddorns aus.
Wir melken den Strauch, sagten sie,
und füllten Eimer.

Auf dem Weg zum Inselmuseum
fand ich einen Stein aus Granit.

Als ich ihn aufhob,
spürte ich Vertiefungen,
für Daumen und Finger,
und spürte, dass er für jemanden,
der vor langer Zeit lebte,
einmal gut gewesen war.

III

Dunkler Walzer

Wenn am Ende des Tages kein Wort übrig bleibt,
   nur die Stille als Summe der Sprachlosigkeit.
    Wenn das mächtige Tier über die Erde regiert,
      wissen wir, wie Furcht in der Dunkelheit
                          schmeckt.

Wenn die Macht der Atome Welten zerschlägt,
   Paradiese nichts weiter als Wunschträume sind,
      ist für uns die Gewalt wie ein mächtiges Tier,
         weil die Macht der Gewalt als Tier in uns lebt.

Offen bleibt, ob ein Leben gelebt werden muss,
   wie viel Zweifel am Ende das Jawort verträgt,
      wann das Leben als ein Vermächtnis der Zeit
         in Geschichten und in Geschichtsbüchern steht.

Manchmal wird die Sprache zum Fossil präpariert
   und mit Speichel und Sperma erpresst zum Gebet,
      die Gewalt der Vertreibung hat funktioniert,
         weil die Macht der Atome Welten zerschlägt.

Zweifellos hat das Leben sich selbst überlebt,
   durch ein weltweites Netz aus Angst und Gewalt.
      Wenn das mächtige Tier über die Erde regiert,
         wissen wir, wie Furcht in der Dunkelheit
                            schmeckt.

Sommertau

Wenn du sagst: du gehst,
sind deine Worte
wie ein Psychogramm:
ohne Rast und Ruh;
und mir fallen, wie aus der Retorte,
fremde Träume zu.

Kalt ist es und klamm,
und ich weiß, der Winter
ist kein Energieverschwender.
Denn in den Ritzen
und auch noch dahinter
erfrieren bunte Bänder.

Nummer 168 (Eine dieser Erinnerungen)

Hatte mir was Echtes aussuchen wollen,
was Realistisches, für den politischen Unterricht.
Etwas über Junkies und Penner, wie die drauf sind
und so, und hatte Glück.

Ich begegnete Tom unter einer Brücke,
neben dem vergammelte Reseda wuchs.
Musik höre er am liebsten, sagte er, Heavy Metal.
Wenn viele Autos über die Brücke donnern,

Käme das gut. Das Schattengebälk des selbst gewählten
Ortes, die zerschlissenen Schlafsäcke,
die Pappen und die mit BILD ausgestopften Lücken.
Hier sei er selten allein.

Und er zeigte mir beim Versuch zu lächeln
ein paar seiner kaputten Zähne. Die Zigarette
hielt er zwischen gelben Fingern, und nicht umsonst
stank dieser Ort nach Pisse und Alkohol.

Diese ganze verfickte Scheiße hier
kotze ihn an. Irgendwann
mache er Schluss. Eine Chance hätte er nie gehabt.
Seine versoffenen Eltern, die Prügel im Heim.

Deshalb sei echte Musik niemals sanft.
Den Walkman dazu habe er geklaut,
und bald würde er sich einen neuen klauen.
Ich legte ihm ein paar Scheine hin.

Müll ist meine stinkende Heimat, sagte er,
das Dreckloch hier mein Zuhause.
Ficken aber ließe er sich woanders.

Schlimm ist es nur, dass er es braucht,
sagte seine ausgemergelte Fresse;
und er schien das Interview beenden zu wollen.

Beim Weggehen drehte er sich noch einmal um
und sagte mit einem Lächeln zu mir:
Hey Alter, lass dich nicht ficken!

Ein paar Tage später war er 'ne Nachricht
auf den Seiten für Vermischtes.
Überdosis stand da lapidar,
und die Zahl 168.

Resümee

Komm mit zu der Welt hinter den Häusern.
Die Schatten dort sind besonders im hinteren Teil
mehr als nur einfach suspekt. Sie täuschen
Wirklichkeit vor. Die geht aber einfach vorbei.

Die Mitternachtssuite kennt flennende Geigen,
das Kreischen eines Mülleimerdeckels aus altem Metall,
das Brüllen verrosteter Türen neben dem Schweigen
verendeter Ratten; und aus Plastik einen Ball,

Der, lange nicht mehr getreten, vergessen
hinter den Mülltonnen liegt. Die übrige Zeit
füllt sich weiter mit Pfützen aus erbrochenem Essen
und Knochen einer vergangenen Zuständigkeit.

So wird es Abend ...

In der Stadt beginnt jeder Tag
mit einer Schweigeminute
und spiegelt sich wider in einem Gesicht.

Worte werden aufgespießt wie Ratten.
Eine Zunge schnalzt,
ein Kehlkopf hüpft,

Eine Wange wird geschlagen,
und eine Nase ist mit einer anderen
voll auf einer Linie.

Kinder kramen im Müll nach Bildern,
ein Tänzer schaukelt seinen Bimbam,
und zwei Fenster bleiben zugehängt.

Dahinter geht es um die Spiele der Nacht
und darum, wie man sich
bei einem Pornodreh verhält.

Doch am Ende des Tages,
lässt sich der Chor der Verstorbenen
nicht mehr verbieten.

Wer mit wem und warum

Nach dem Akt stellt sich die Frage der Zeugung,
woran erkennt man den fruchtbaren Tag?
Wie Deuterium bleibt die Vollendung
eine Erwartung, die sich nicht zu erfüllen vermag.

Der Mensch. Ein Schlagwort am Rand der Vernunft,
oft taucht er ein in die Welt der Mikroben,
bedeutend dabei ist der Wunsch,
ein Spermium zu sehen. Das geht nur von oben.

Meistens bereits durch ein Lichtmikroskop.
Zu sehen, dabei ist ein hilfloses Zucken
und der Anfang von nichts. Analog:
heftiges Leben. (Um Gott in die Töpfe zu gucken?)

Du siehst, die Zeit ist eine Armee von Minuten,
das Heute ein Bekenntnis zum Superlativ.
Gemessen an Meilen und Routen,
bleibt die Frage, wer mit wem, wann und wo schlief.

Gemaltes (für Manuela)

Wenn die Bilderwelt von kleinen Händen
sich Strich um Strich erschließt,
wenn Farbe, kreuzweis' über Wände,
mit Feuereifer sich ergießt.

Sag, sollte man das leiden?
Es ist der Ausdruck einer ganzen Welt in sich.
Mutter, Vater, Kind und Blume, und dass beizeiten
du es siehst, dieses wundervolle Ich.

Himmelwärts die Sterne, und der Ball dort ist ein Engel,
und die Punkte ganz am Rand, sag, siehst du sie?
Siehst du das Haus, den Schornstein und die Kringel?
Auch die Katze dort? Das ist Mimie!

Kein anderes Auge leuchtet heller, und kein anderes
    Fäustchen
malt so liebevoll das Blühende bis ins Detail.
Selbst ein kleines leises Tränchen
ist aus einer Wolke mit dabei.

Havelregatta

Und weithin dieser Havelblick
mit einem Flimmern wie von tausend Sonnen,
und gegenüber fern, am anderen Ufer,
wie klein das Wannseebad erscheint.
Die Pfaueninsel rechts, ich kenn sie gut,
die Meierei, das Schloss, die alten Bäume.
Das ist ein Ort, an dem etwas zu finden ist,
ein Herz vielleicht und altbekannte Worte.

Und die Segelboote, Juniorklasse, weiße Splitter
auf dem Wasser. Regatta! Ein Wettkampf.
Der Ausflugsdampfer „Moby Dick" fährt weiter
hinten. Das Flaggschiff gleitet wie auf einem Spiegel,
als wär die Zeit ein Kurzporträt von nichts.
Ich blicke gern auf diesen Fluss, er ist an mich gewöhnt,
sein sanftes Wellengurgeln und sein Ufer,
eine Erle rauscht, als hätte sie ein Telefon.

Ein Schwanenpaar mit trocknendem Gefieder,
die Flügel halten sie leicht abgespreizt, sind
wie zwei Bojen fast, die langsam um sich kreisen,
weil dort im Schilf zwei Wasserrallen streiten.
Es knackt im Rohr, das Wasser schäumt,
für einen Augenblick seh ich dem Wettkampf zu,
und eine Menschengruppe klatscht, es ist der Beifall
für das Siegmanöver, das in die letzte Wendung geht.

Der Wind frischt auf, ich spüre seinen Atem
und sehe dort im Dunst ganz weit Berlin
als Silhouette. Da steht der Fernsehturm,
es ist der Finger dort, der in die Wolken sticht.
Um mich herum ein Wispern in den Bäumen,

und ein Summen wie von tausend Bienen.
Klee blüht auf der Obstbaumwiese, und das
Gutshaus auf dem Hügel gegenüber heißt Relikt.

Es ist ein schöner Sommertag. Die Wasserrallen
und die Schwäne haben sich entfernt. „Moby Dick",
der alte Dampfer, ist nicht mehr zu sehen.
Das letzte Segel der Regatta wendet noch
und folgt den anderen zum Steg. Die Fahnen
sind gehisst zur Siegerehrung. Es riecht
nach Grillfleisch und nach Geld. Ferne Stimmen
flattern lachend, wie von selbst, zu mir herüber.

Verweht

Ach … und das war?
Erzähl mal.
… sag mal, du weißt doch,
deutsche Gründlichkeit.

Nee …
und der Nagel
an der Wand?
… schlug daneben.

Sag ich doch,
… völlig daneben.
Wär das bloß
zu Ende gewesen, bevor …!

Ach …!
Nüscht' von Ende
erzählen … nee, hör bloß auf.
… da schreibt man sich

Den sozialistischen Gruß
auf die Fahne,
und dann so was.

… weht einfach davon!

So weiß war ich noch nie

So weiß war ich noch nie,
sagst du, und der Tod
krallt sich mit
eiskalten Händen
in die Fugen
aus Stein und Beton.

Tauben tragen in ihren Schnäbeln
das Vermächtnis eines Engels.
Doch das öffnet keine Türen.

Nur die Schatten locken
mit Verrottung und Abriss
zwischen schwarz und weiß.

Ein Engel, sagst du,
ist die Euphorie der Seele,
ein Gedanke,
der im Brackwasser fault,
weil er verloren gegangen ist,
genauso wie jene,
die nicht wissen,
warum ihnen Flügel wachsen.

Am Ende heben sie nur
das eigene Herz auf
für die steinerne Nacht
und tun so,
als wenn es ihn gäbe,
den weißhaarigen Alten.

IV

Spanisches Gebet

Da ist diese Hilflosigkeit des Nichts-sagen-Könnens,
da ist diese Ohnmacht des Schweigen-Müssens,
der Zwang, kein Wort über die Lippen zu bekommen,
weil die Ellipse der Vergangenheit allgegenwärtig ist.
Da sind die unerlösten Schreie von Frauen,
die zerschmetterten Glieder einer gewaltsamen
    Befragung,
da sind die ungesühnten Opfer einer Verständigung
zwischen Himmel und Erde, Wasser und Feuer.
Da sind sauber geleckte Teller einer ungesagten
    Wahrheit,
und eine schlierenfreie Fensterscheibe hinter der
    Skalpelle
für die nächste Verwundung sterilisiert werden.
Bäume werden gefesselt und Häuser geräumt.
Supermärkte verkaufen präpariertes Obst, und die
Palmen in den Straßen Barcelonas haben nicht
    vergessen,
wie es war, als die Faschisten das Spiel der Vergeltung
    spielten
als sie Garcia Lorca erschossen am Rande des Waldes.
Aber da ist dieses Schweigen der Steine, das Wort der
    Fugen
zwischen den Häusern, die wissen, wie es war, als
    Brücken
gesprengt wurden, Leichen ihren Abschied nahmen,
weil Agaven zur mitternächtlichen Stunde gepflanzt
    worden waren.
Hast du die Panzer gesehen und die Schreie des
    Schmerzes gehört
zwischen den Paraden und das Glockengeläut der
    Minister
aus dem Ministerium zur Durchsetzung des verordneten

Vergessens?
Doch wer kann vergessen? Wer kann den Wasserfall
 daran hindern
zu fallen? Wer stützt eine Wand, die nicht gestützt
 werden will?
Wer füllt die Lücke aus, die der Nachthimmel preisgibt?
Wer hängt den Mond an einen Haken und erteilt ihm
 Schweigegebot?
Frag die Fledermäuse in der Nacht, und du wirst sehen,
dass die Wahrheit auf ihren Flügeln geschrieben steht.
Sprich mit dem Wolf in der Sierra Nevada, und du wirst
die Namen der Henker auf seiner Zunge lesen können.
Selbst du, Faschist, wirst nicht vergessen werden. Es
 wird dich geben
als das Symbol eines zerrissenen Volkes, weil du deine
 Taten
nicht gesühnt und das Gold aus dem Gebiss deiner
 Opfer
nicht zurückgegeben hast, an den Fluss und an das
ausgetrocknete Flussbett der spanischen Geschichte.
Komm, trink Staub, heißt es zwischen den Zeilen. Lass
 Sand
durch deine Finger rieseln. Wirf mit dem Handrücken
 einen Schatten
auf die Straßen und Plätze, damit die Vergangenheit
die Botschaft der Versöhnung empfangen kann.

Der Fall des spanischen Richters Baltasar Garzón hat mich zu diesem Gedicht inspiriert. Garzón wollte die Verbrechen, die im Spanischen Bürgerkrieg und während der Franco-Ära von den Faschisten verübt worden waren aufarbeiten und wurde in einem Verfahren, das mehr als fadenscheinig war, des Amtes enthoben und mit Berufsverbot belegt.

Im Februar 2012 berichteten darüber die Medien.

Blumenkinder

Es ist diese Unmerklichkeit, mit der sich
die Landschaft verändert. Aus schroffen
Bergen werden sanfte Hügel, und wo wir
Kornblumen pflückten, wachsen Astern.
An den Wegen sind die Steine von einst
zu Fundamenten geworden, hat sich das
scharfkantige Gestrüpp zu einer Hecke
verdichtet, die uns begleitet zum Abend hin,
wenn wir bekränzt mit dem Laub
unserer Weide dem Sonnenuntergang
entgegengehen. Du nimmst meine Hand,
als wäre sie das Ergebnis einer Beratung
deiner Lippen und des Gaumenschlages
deiner Zunge, die du mir von Anfang an
in den Mund gesteckt hast. Wie oft gleitet
deine Hand über mein Haar und vollführt
einen Tanz auf meinem Geschlecht, um das Wort
Liebe mir auf die Stirn zu schreiben. Denn die
Annäherungsversuche der fremden Pharaonin,
die fremden Flügelschläge in meinem Gesicht
lagen wie Raureif auf deinen Wangen. Und doch
sagtest du: „Komm, lass uns in den Palast
der Jahre gehen und die Schatten erkunden,
die sich auf unsere Münder legen.
Dort hören wir dem Flüstern der Schwäne zu
und begleiten sie zu ihrem Hochzeitstanz.
Denn der Abend kommt bereits über die Felder
und seine Früchte beginnen zu reifen.

Der Augenblick der Vernunft

Der Augenblick der Vernunft ist gekommen.
Jemand hat es gesagt. Jemand hat gesagt,
was zu sagen war, dass der Augenblick der Vernunft
   gekommen sei.

Der Augenblick der Vernunft wurde angekündigt.
Es wurde gesagt, dass der Augenblick der Vernunft
Antrittsbesuche macht.

Der Augenblick der Vernunft ist da.
Alle halten Ausschau nach ihm.
Einige nehmen ihn bereits deutlich wahr,
und jemand sagt, dass er den Augenblick hat kommen
   sehen.

Das findet allgemein Zustimmung, denn jeder sagt,
dass er auf die eine oder andere Weise,
sowohl den Augenblick als auch die Vernunft,
deutlich wahrgenommen habe.

Wegbeschreibung

Der Friedhof morgens, auf dem Weg zu meinem Büro,
wie geduldig und stumm die Hecken und Bäume
    erscheinen.
Nicht hässlich ist der Tod auf diesem Parkett.
Die Wiesen sind sanfter im Allgemeinen.

Die Kränze dort vom Vortag, eine bunte Mischung
aus Erinnerung und der Bereitschaft, schnell zu
    vergessen,
ich sage dir, nur hier ist das Nirgendwo
wirklich zu Haus. Der Stille angemessen.

Ein fester Tritt in die Pedale, der Drehmoment,
der Zahnkranz und die Kette sorgen für das
    Vorwärtskommen.
Und die Bodenwellen im Verbundsteinweg.
Die Schatten vor mir haben Platz genommen.

Der Taxus an der Ecke, mein Weg führt jetzt nach links,
ein schmaler Gang mit friedlich aufgestellten
    Heckenrosen
und einer Mauer, historisch anerkannt.
Und damit endet die Allee der großen

alten Linden. Nur ein Brunnen stellt sich wieder quer
und spiegelt mit dem Efeu an den Bäumen die Kapelle,
    die ein Ort der Stille ist. Und es beginnt
        der Trauerdienst und das zeremonielle

Abschiednehmen. Ein letzter Blick wird vorbereitet!

Eins dieser Leben

Die Wände waren taub geworden mit den Jahren,
zu eng die Räume, in denen du lebtest.
Und du hast ihn nie verstehen können,
deinen Mann, der Jerry Cotton las
und Gespräche mit dem Baum
am offenen Fenster führte ...

Die Einschusslöcher in der Zimmerdecke,
waren von dem Luftgewehr,
das er gegen die fremden Schatten benutzte,
und Teppiche legtest du aus,
Schränke fülltest du mit Porzellan,
das leise klirrte
bei jedem deiner Schritte.

In den Momenten, die dir blieben,
wenn die Heilige Schrift zu flüstern begann,
wisperten die Verse,
blätterten sich die Seiten zum Fenster hin um,
weil das, was dich umgab,
aus deinem Inneren kam.

Die Heilige Schrift und du,
das war ein Wetterleuchten,
ein Wiederholen toter Argumente,
als ginge es um Grabenkämpfe, um Granaten,
denen der Sicherungsstift abhandengekommen war.

Es gibt keinen Gott außer Gott, sagtest du,
alles andere wäre ein Spiel ohne Grenzen,
ein Tanzkurs auf glühenden Kohlen.
Du hast den Anbeginn der Zeit geliebt,
das göttliche Wort von Anfang an.

Als du gingst, ging das Vergessen mit dir mit,
Hand in Hand, denn kein Zeuge, wie sie sich nannten,
stand dir bei. Am Tag deines Todes
fiel keine Seite mehr um und kein Wort
aus deinen Kapiteln.

Waldbild

Ein Versprechen war das, was du gefordert hast
im aufkommenden Licht deiner Hoffnung.
Zur Erneuerung, wie du sagtest, auf dem Vorplatz
der Weissagung: Denn was würde geschehen, wenn ...

Wir waren schon so lange zusammen,
haben uns mehr als nur einmal geliebt.
Wir deckten uns auf, entblößten uns,
in dem Zeichen der Wahrheit: A Rose is a Rose ...

Dein angewinkelter Arm auf meiner Brust,
deine Hand in der meinen: Ich will, ja, ich will,
war die Antwort auf meine Frage, und deine Zunge
in meinem Mund war der Anfang.

Dann dieser Wald, unter dem Leuchtfeuer der Nacht.
Die Wahrheit der Bäume, mehr als nur Gedächtnis:
jedes Blatt für sich ein Amalgest. Doch die verzwickten
Gedanken drehten sich nur um das eine.

Oktoberregen

Der Sommer hat sich davongemacht.
Die Wiese im Park ist still geworden,
Unsere Katze hat sich unter einem Auto
versteckt. Die Tage werden

Kürzer. Das Jahr älter.
Ungerührt fallen Blätter,
schlägt Regen
rasselnd an unser Fenster.

Beginn (Für Guido)

So war es damals, als du neugeboren vor mir lagst,
und der Wind sich zuvor gegen mich gestemmt hatte.
Die Kälte des Dezembers hatte sich auf mich geworfen
wie ein wildes Tier. Als du aus deinem Bettchen
heraus auf meiner Brust einschliefst, mit all
deinem Lächeln in deinem kleinen runden Gesicht.

So war es damals, als die ersten Sonnenstrahlen
auf deinen Wangen ihre Spiele mit dir spielten,
der Wind im botanischen Garten nicht aufhören konnte
an deinem Jäckchen zu zupfen. Wir hatten keine Furcht
in dem Schatten der Buche, wir hatten keine Scheu,
dir die Wiese zu zeigen und das flüsternde Meer.

Deine Mutter und ich, wir standen Hand in Hand
unter den blühenden Bäumen und ließen das
    Himmelblau
deiner Wiege zu einem Spiegelbild unseres Lächelns
    werden.

Streitgespräch

Nein, etwas Besonderes sind die hart gesagten Worte
und die Muskelkontraktionen unserer Kiefer nicht,
wenn der Tag seine scharfen Konturen in den
grauen Schleier kleiner Katastrophen setzt.

Es ist wie das Zerfetzen von Nebeloasen, wie das
Auseinanderreißen dunstiger Ströme, wie
Hagelschauer, die auf uns fallen aus dem Gewölk
unserer Schädeldecken. Oft schmerzt das Schlüsselbein

An solchen Tagen, oft überwiegen die scharfkantigen
Ratsherrengräser in deinen Wiesengesprächen, die von
Disteln erzählen und Urtica urens
und aufgeschütteten Kieselsteinbergen.

Als stünde dein Mund zum Verkauf, als hätte
das Moor seine Tiefen preisgegeben, um all das,
was du für mich empfindest, hinabzuziehen in den
Anfang des Torfs, wo das gärende Wasser zu Hause ist.

Ach, wenn dein stürmischer Mund sich nicht öffnen
würde für mich, wenn wir uns nicht verzeihen könnten,
dann ertrüge ich an solchen Tagen
die dunklen Wolken und die Regenschauer nicht.

Mädchen

So viele haben mich stürmisch erobert, Mädchen
für Mädchen. Und ich schwieg. Ich tanzte den
Reigen der endlosen Liebe, unerfüllt in dem
Gischtfeuerwerk brandender Meere und rasender
Flüsse. Die krachenden Bäume, vom Wind
gepeitschte Kronen standen mir näher in all
diesen geschmeidigen Hügeln und blühenden Wiesen.

Ich trotzte donnernden Wellen meine Stimme ab,
ich warf meine Tränen aufs Meer hinaus, zu den Algen
und tiefen Gewässern. Ich rief Wald, und ein Schatten
befreite mich von dem herzzerreißenden Schmerz,
von dem strahlenden Licht einer kehligen Stimme.
Ach Mädchen, Mädchen, eure Schönheit ist es, die mir
das Zungenbein bricht und mein Augenlid verbrennt.

Was für ein Trost ist mir gegeben? Was für eine
dunkle Wahrheit schreibt sich bei mir ein? Was für ein
Nachtfalter trug mich mit sich fort, auf die einsamen
Höhen der Berge, wo die Luft knapp ist und die Sonne
unendlich grausam sein kann? Ach Mädchen, Mädchen,
eure Fesseln, eure Hände, eure Waden, ach, euer
    Nacken
und die Haut eurer Arme. Es ist eure Schönheit,

Die mich, auch heute noch, gefangen nimmt. Die mein
Stimmengebäude zum Einsturz bringt, mein Herz
zu einer Trommel werden lässt, die sich dem Rhythmus
hingibt, dem Crescendo eines Trommelwirbels, der tief
verwahrt an die Wände meines heimlichen Kellers
    schlägt.

Der Schuld zuletzt (In Erinnerung an Oskar Pastior)

Wo ist die Balance deiner Geschwister?
Der Steinwald und wo sind die Tauben
über den Dächern der Stadt?

Wer spricht von Liebe
und meint doch die Zerstörung, die dich verzehrt?

Sind die Wege nicht weiter geworden
im Wind bei dem Felsen der Stimmen?
Und bist nicht du übrig geblieben
in dem Schatten deiner Geschichte? – Deine Furcht
schrieb das Wort – Securitate. Sie klopfte

An die Wand mit knöchernen Fingern,

sie morste etwas von dir durch ein offenes Fenster,

als du Bukarest sagtest und Straße der Sehnsucht.

Führte sie dich nicht, und die Phalanx deiner Worte,
hin zu dem Berg der lebenden Toten
und zu dem Fleisch vernichteter Körper?

Was ist das für ein Zucken in deinem Gesicht?

Was sind das für Schlaglöcher auf deiner Haut?

Was sind das für Zeichen auf deiner Hand?

Hörst du den Gesang der grausam Erstickten?
Hörst du den Chor der erschossenen Seelen?

Schwester? Freundin? Geliebte? Ein Dachs baut

sich eine Höhle. Ein Kormoran stürzt in das Wasser,
um Beute zu machen, und weiß um das Leiden
seiner Geschwister. Bei dir sind die Geister

Des Abends und des Morgens. Bei dir sind
die Tritte russischer Stiefel. Ständig
rufst du im Schlaf, ja, du schreist im Traum
nach den vergessenen Wassern der Tiefe.

So vieles bleibt doch ungesagt

Was mir seit einigen Tagen auffällt, ist, dass immer
wenn ich mich selbst fotografiere, das Gesicht
meines Vaters auf dem Display zu sehen ist mit all
seinen Ecken und Kanten, die dazugehören.
Es ist die Erkenntnis, dass ich nun genau
in dem Alter bin, in dem mein Vater war,
als ich, das Kind, ihn wahrnahm auf eine Weise,
die für mich zur Erinnerung geworden ist.

Er war ein schöner Mann, dieser Mann, der mein Vater
   war,
der das Taubengedächtnis besaß und der diesen
andauernden Ringkampf gegen sich selbst geführt hatte,
gegen das Zuckerwasser der Oberflächlichkeit
und für das innere Selbstverständnis des Erbarmens.
Er liebte die Eisbärinnen im Zoo und die eifrigen
Robben im Wasser. Sie waren die Motive für seine
Kameraklicks gegen das Gefühl der Einsamkeit.

Das Rosengedächtnis seiner Stille
steckte in seinem Fotoapparat, wenn er auf diese Tiere
und auf lachende Menschen zielte.
Göttlich schien ihm das Blütenweiß der Apfelbäume
und die Schatten der Bäume zu sein, die mir wie
   Kommas
im Gedächtnis blieben. Längst ist seine Asche erkaltet,
sein Neptunauge nur noch ein Schimmer auf dem
   Papier.
Doch sein Gesicht, es lächelt, und es lächelt in dem
   meinen
wie ein unerschütterlich lebendiger Moment.

Verbrennungen

Dinge, die gleich sind:
Anfang oder Ende,
Brot, das nach falscher
Lagerung riecht,
ein Vogel, der gegen eine
Fensterscheibe fliegt
und den Aufprall
nicht überlebt.

Dinge, die überall gleich sind:
ein Mond der zu- oder abnimmt,
eine Sonne, die aussieht,
als könne sie
alles verbrennen.
Wolken, die wie Lava
fließen, Unwetter,
das sich zusammenballt.

Überall sind diese Dinge gleich.
Es geht um dasselbe:
um Mann und Frau,
um die Größe
des berühmten Geschlechts,
um Lust oder Macht,
Traum oder träumen.

Abschied

Weißt du noch …?
Diese Sternschnuppe am Himmel?
Dieser heiße brennende August
und die kupferne Farbe am Ende des Tages?
Unser Blick zum
Himmel der Nacht,
als die Schwärze übersät war
von Sonnen, die auch heute noch
unendlich weit weg sind.

Wolkenlos war die Stimmung, und ein Stück
Materie zog glühend einen Schweif
quer zur Blickrichtung hinter sich her.
Das war das Seelenbild des Abschiednehmens,
das sich einprägte,
weil das Wort – Mutter –
auf den Asphalt fiel.
Tränenheiß. Tropfend. DNA.

Kein Lobgesang erklang, kein
Kyrie eleison, keine Wochentagsepistel,
nur das Rauschen vorbeifahrender Autos
und Straßenlärm, als die Tische
auf dem Gehsteig überheblich wurden,
weil das Leben satt war und alles übertönte.
Du hattest mir deine Hand gegeben,
fühltest das Fühlen, das ich fühlte,
nach dem unvorstellbaren ungeheuerlichen – Verlust.

Mutter – dieses Wort war
federleicht und schwer zugleich zwischen meinen
Atemzügen.

Tränenblind sahen wir, wie etwas ganz oben,
in einer sternenklaren Nacht verglühte.

Wir schwiegen,
hielten inne
und du, Zärtliche, hieltest mich,
den Trauernden, fest.

Du hieltest mich fest.

Lebendigkeit

Durch das Trägheitsgesetz eines
aromatischen Augenblicks,
(du machst dir gerade Kaffee)

Gibt es das Ganze im Ganzen, hattest du gesagt.
Manchmal schaue ich in der Nacht
zum Mond und weiß, dass da oben die Vehikel
der Astronauten stehen.

Irgendwann vielleicht wird da auch
ein Grab zu finden sein,
als Spuk einer kommenden Zeit.

Wenn die Sonne aufgeht,
entstehen Bilder aus Schatten und Licht.

Das Schnippchen

Liebe ist alles,
und das Wort ist alles.

Dein Lachen
und mein Lachen
ist alles.

Liebe ist alles,
und du bist alles,
was es für mich gibt.

Wie oft wir uns gewünscht haben,
dass sie stehen bleiben möge.

Doch immer wieder
schlägt die Zeit uns
ein Schnippchen.

Zeit

Wanderer zwischen den Welten,
du veränderst mein Gesicht,
atmest mich an und lässt
mich vergehen. Nicht jetzt,
nicht heute, vielleicht noch nicht
morgen. Irgendwann vielleicht.
Irgendwann kommst du vorbei.
Irgendwann gibst du dich zu erkennen.
Zeit, wirst du dann sagen, Zeit,
mit einem unergründlichen
Lächeln, wie das der Mona Lisa.
Es ist Zeit, wirst du sagen.
Zeit. Und deine Berührung
wird kalt sein, wird mich
frösteln lassen …

Einer von vielen

Der Bahnsteig, auf dem ich stehe,
ist immer derselbe.

Züge kommen, Züge fahren,
eine Stimme sagt von wo und wohin.

Im Frühjahr fallen Blütenblätter auf die Schienen,
im Herbst gefärbtes Laub.

Ich spiegele mich in buntem Glas,
manchmal seh ich mich nicht mehr.

Dann klingt Musik herein,
– Akkordeon.

Ich atme tausend Lichter,
tausend Lichter atmen mich.

Ich bin einer, einer von vielen.
Ein Zug fährt in den Bahnhof ein.

Alle Türen öffnen sich.
Ich steige ein und werd davongetragen.

Landurlaub

Wenn der Flug der ersten Amselpaare
durch das Grau des Morgens streicht,
eine Wolke noch als blasse Fahle
einem müden Riesen gleicht

Bündelt sich der Tau zu Tränen.
Und der Horizont der langsam gelbt,
weckt in mir ein Herzschlagsehnen,
als riefe mich die Mutter selbst.

Häuser stehen fast erfroren,
schlafend noch im Silberglanz,
nur ein Auto knarrt verloren
auf dem Hof im Mückentanz.

Wie die Felder seither wiegen,
wenn der Wind die Pappel treibt.
Morgens scheint die Welt verschwiegen,
nur ein Wasserkessel pfeift.

Dem Herbst

Längst hatte ich das Trauergesumm der Bienen gefühlt,
der Hornissen dunkles Vermächtnis, in einem Baum,
an dem eine wilde Rebe rankte mit wächsernen
Früchten. Die Vielfalt der Zweige schimmerte am
    Morgen.
Der Angriff des späten Lichts leuchtete auf im Hain,
und die blutigen Diener, die Wespen, verneigten sich
vor dem kürzer werdenden Tag.

Der harsche Stumpf einer alten Weide leuchtete hell
mit hängenden Trieben, und der Blick über das Wasser
trug diese Kälte zerbrochener Nächte. Die Rohrdommel
flog, und die Abende umarmten sich mit den Liedern
der Freude. – Sommer war's, als wir uns liebten,
als die Zeit eine Aneinanderreihung von leuchtenden
Augenblicken war.

Doch nun sind sie da, die Tage und die Puppen aus
    Stroh
auf den Feldern. Stoppeln heißen willkommen
den Nebel der Nacht; denn unter den verwaisten Nestern
blüht kein Buschwindröschen mehr, nur die
Herbstzeitlosen neben alten Sträuchern. Pfützen liegen
    blank
und spiegeln nur das Zwitschern loser Spatzen wider.
Gesenkten Kopfes eilt der Mensch, und trommelnd
fällt der Regen.

An solch einem Tag

Es ist wie ein Rausch, die Jahreszeit zu beschreiben
und den Weg, der damit verbunden ist,
wenn Schneeglöckchen wie aus dem Nichts
auftauchen und die Zaubernuss in der Kargheit

Des ersten Tages anfängt zu blühen. Irgendwann
berauscht sich eine Hecke am Gelb der Forsythie
und eine Wiese an der Vielfalt des Erwachens.
Dann wird es schwer, Wünsche in Worte zu fassen,

Die das erste Grün zu beschreiben versuchen,
und kleine Hände, die die ersten Proben
des Lebens schmecken, und Geräusche hören,
die staunend verfolgt werden mit dem Blick

Für das Besondere. Plötzlich spürst du dieses Gefühl
das den Herzschlag erhöht, wenn ein Blütengeruch
sich mit dem Parfüm einer Achselhöhle verbindet,
mit einer Frau, die dich anzieht, weil sie sich das Haar

Auf eine besondere Art aus dem Gesicht streicht.
In diesem Moment weißt du nichts von der
   Treffsicherheit
der Pheromone und dem Geheimnis der ersten
   Sekunden,
du spürst nur, wie sehr du es willst, wenn es geschieht.

Und dann die gewaltige Schlagkraft eines blühenden
   Baums,
die Überfülle seines ländlichen Gesanges, der sich
mit dem kalten Kristall der Nacht arrangiert.
Es ist wie ein Rausch zu erwachen an solch einem Tag.

Perfekt

Auch wenn du es nicht wahrhaben willst,
es gibt sie noch, die alten Tänze und Gesänge,
die Schwangerschaften, die unter dem Mond
beginnen. Bäume stehen, wie sie immer stehen,

Auch die Nachtigall singt alte Lieder. Das
Klopfgeräusch der Spechte tackert durch den
Wald, nur das Gespräch unter Freunden wird
neuerdings mit Computern geführt.

Doch was geblieben ist, das ist die Lust,
in einem Meer von bunten Lichtern zu
stehen, Menschen zuzusehen, die an
Schaufensterscheiben vorbeigehen. Hier und dort

Ein Lachen. Die Musik einer Jazzkapelle weht
auf die Straße und das Klirren Wein-gefüllter Gläser.
Das Wissen über die Entwicklung des Lebens
hat deutlich zugenommen. Im Englischen

Garten stehen Pflanzen nebeneinander, die sich
nicht kennen. Ein Springbrunnen quatscht mit
fremden Steinen, und deshalb gibt es Tage,
die das Prädikat, perfekt zu sein, verdienen.

Das Geheimnis der Fenster

Das Geheimnis der Fenster ist das glanzlose Dunkel,
das Flüstern der Zikaden
und der goldgelbe Schweif bezahlten Urins.

Wer gelangt zu der Einsicht,
dass die Quellen vertrocknen,
dass die Nachkommenschaft nichts weiter ist
als ein kleiner Haufen blinden Gesteins?

Die Makrele hat die Tiefe ihrer Schatten verlassen,
und der Adler hat sich umgestellt.
Er hält nach Resten Ausschau, die im Rinnstein liegen,
nach dem flimmernden Licht der Leuchtstoffröhren,
die sich am Ende eines Regentages spiegeln
auf dem Meer des Asphalts.
Dort sind die kleinen Fische zu Haus, das Gedränge von
Papplieferanten, die Häuser verkaufen,
und Fabriken, die das Ende der Welt erschaffen.

Der Kurvenschrei einer Untergrundbahn bricht hervor,
als gäbe es eine Schuld, die nicht zu begleichen ist.

Kleine Hügel aus Schnee sind zu finden auf dem Tisch
der Aborte, denn um der Wahrheit auf den Grund zu
gehen, wird die Nasenwurzel mit der Unschuld reinen
Kokains betäubt. Das ist das Ende vom
immerwährenden Lied der Liebe. Und es beginnt
das Lied der käuflichen Schenkel. Brüste von weit
werden hineingetragen in das Land der untergehenden
Sonne, zu Schwänzen aus Gold, die hinter Brillen
verschwinden, hinter Gläsern aus russischem Porzellan.
Wer sagt schon glückliche Liebe zu den Stränden der
Frösche, zu den Heuschreckenwiesen, zu dem Aufgebot

der Kellerasseln.
Selbst der Junikäfer ist selten geworden, und die weiße Taube hat ihr Gefieder geschwärzt. Ihr Ruf fällt herab vom Geheimnis der Fenster.

V

Erinnerungen an das Meer

Wenn Sturm aufkam, dann war mir so, als hätte ich
    Gefieder,
und meine Bernsteinsuche trieb mich auf das Meer
    hinaus,
bei Ebbe, morgens, wenn die Möwen wieder
überm Strandgut lärmten vor dem reetgedeckten Haus.

Wenn Wellen, wie von fern, die Priele überspülten,
ein Rauschen sich dem wolkengrauen Wind ergab
und meine Hände ausgestreckt den Horizont berührten,
lauschte ich der Flut und dem Gezeitenschlag.

Das weite Feld mit seinen satten Ähren.
Das Blöken von den Schafen auf dem Deich.
Ich träumte oft, die Zukunft würde mir gehören
und bliebe bunt und immerwährend gleich.

Doch selbst die Eiche vor dem Haus hat sich verändert.
Ihre Äste streben nicht mehr geradewegs empor,
und was in meiner Jugend voll von Bändern,
Leichtigkeit und manchmal Leichtsinn war, verlor

Mit den Jahren seinen Stellenwert.
Was mir blieb von damals sind nur Träume,
wie ein Schiff, das man im Nebel hört.
Und die Erinnerungen, scheint mir, sind wie Räume

In denen es um Flut und Ebbe geht, um windbewegte
Wellen und auch um Stürme auf dem Meer.
Manchmal wünschte ich, dass das was ich erlebte,
in meiner Jugend, nicht wie im Flug vergangen wär.

Rückblick

„Harry", sagtest du
als letztes Wort
zu deinem Mann,
der hilflos neben dir stand,
während die Nacht
den Vorhang
freigab für dich.

Du warst
eine Reflexion,
ein Leben,
das sich aufbäumte.

Ein letztes Mal.

Dein Tisch war alt,
und dein Schrank
eine Trennung
zwischen den Räumen.

Atmen ... Atmen!

Doch hinaus wehte der Morgen.

Silberte
        Erwachen
                anders.

Lichtjahre

Weit zurück das Land des Friedens
und des Lächelns, das kein Land war,
nur ein Haus mit Garten.
Die Lampe an der Decke wurde vom Vater
bei einem Tanz mit dem Handfeger zerschlagen.
Der Plattenspieler! Ständig
legte mein Bruder Downtown auf,
mein Vater Ralf Bendix.
Der Vogel, der sich in der Gardine verfing,
der Hund, der mir nicht von der Seite wich.
Die handverlesenen Minuten im Kindergarten.
Wenn ich was ausgeheckt hatte,
wurde ich in das Zimmer
zur grünen Couch gesperrt.
Dort aß ich Klappbrot mit Kräuterkäse.
Die Strecken, die mein Gedächtnis zurücklegt,
sind Aneinanderreihungen. Bilder ohne Namen.
Dann die Busfahrt. Umzug, ohne Hund, nach B. –
Ich fühlte mich wie auf einem anderen Planeten.
Die Straßen, der Lärm, der Staub.
Die Schule sorgte für Brechreiz,
für Adrenalin. Die Bibelstunde –
vollgekotzt. Ab da wusste ich,
das Leben hat nichts anderes zu bieten,
als handliche Orgasmen,
und heimliche Zigaretten. Irgendwann
hatte ich dann meinen ersten Fick.

Auflistung

Ich trage einen Specht im Genick
und das Netz einer Spinne im Gesicht,
ich spreche in Silben, ich siebe Worte,
ich tauche in Zusammenhänge ein.

In Gedanken klöpple ich Spitzen,
zementiere den Punkt auf dem i,
schlage mir den Bauch voll
und höre den Streit von nebenan.

Ich lausche an der Wand, drücke
meinen Wangenknochen an eine
kalte Tapete. Ich verberge mich,
ich laufe Gefahr, ich verlasse

Die Straße ins Paradies.
Ich zerkaue das Ave-Maria als wäre
es ein Lutschbonbon, und bewege
meine Zunge. Meine Stirnhöhlen

Sind verstopft, meine Nasenwurzel ist
mit einer anderen voll auf einer Linie.
Ich esse Buchstabennudeln,
ich traue keinem unter hundert.

Ich führe Buch über Menschen.
Ich kenne meinen Kontostand,
weiß, was auf mich zukommt,
ich sammle Worte für ein Gedicht.

System

Sie kommen groß raus.
Sie leben in Eintracht
mit den Gesetzen der Ökonomie.
Wenn die Lichter
der Wall Street angehen

Lebt es sich leicht,
sagen sie, einstreichend
den Bonus für vorbildliches
Fehlverhalten.

Es ist das System, sagen sie
den Reportern,
bevor sie nach Hause gehen.

Nur die Wut der
hinters Licht Geführten irritiert
die Großlimousinen
bei der vorschriftsmäßigen
Abfahrt.

Streng geordnet
nach wer ist wer, und
heute ist morgen, und danach
wird alles wieder
wie gestern sein.

Lied meiner Generation

Bin im Oktober geboren,
wenn die Espe rauscht
und die Blätter fallen.

Mein erstes Erlebnis ist Schnee,
und das zweite der Kindergarten.

Immer hatten die Leute um mich herum
Narrenkappen aufgesetzt,
und sich künstliche Blumen
ins Haar gesteckt.

Später sagten sie was von Zeit.
Es sei Zeit erwachsen zu werden,
es sei Zeit sich zu befreien,
und den Honig zu vergiften.

Ich drehte mich um,
ging in den Wald,
wenn ich der Welt abhandenkommen wollte.

Lass dich nieder, sagte dann der Zeisig,
setz dich ins Gras,
hier ist dein Schlachtfeld, Halm für Halm.

Liebesdinge

Selbst in der Liebe ist das letzte Wort
noch nicht gesprochen. Selbst in dem
Garten hinter dem Haus gibt es
offene Fragen.

Furchen, die wir zogen, Spuren, die wir
hinterließen, Küsse, die wie bitterer
Honig schmeckten – all das ist ein Nachweis
unseres Seins.

Blätter fallen, wie sie fallen, und unser Weg
ist der Weg des Gebens und der Fußnoten
in unserem Gedächtnis. Solange wir lieben,
werden wir sein.

Denn alles, was wir sind, alles, was wir haben,
hat mit Liebe zu tun.

Der Dummheit gewidmet

Oh, du große Zauberin.
Du vielgestaltige Dämonin.
Du Tänzerin in einem Trottoir.
Du zelebrierst den Blumenreigen
deiner Augenleckerei mit bunten Farben.

Du bist der Gegenwarten Gegenwärtigste,
du führst den Marsch der Gescheiterten an.

Du setzt Stempel unter Formulare.
Du baust Brücken ohne Sinn.
Du lässt Züge halten, wo man sie nicht braucht.
Du baust ein Wolkenschloss und suchst nach Türen.

Du bist so unerträglich relevant,
so deutlich dort und hier,
dass dir nur gehuldigt werden kann.

Du bist die Göttin der Fruchtbarkeit.
Du bist die Freundin des edlen Parketts
und der urin-gesättigten Winkel.

Ich weiß, dass du gewonnen hast,
wenn wir, deine willfährigen Sklaven,
uns ausgerottet haben.

Transit

Ein seltsamer Rückblick ist die Erinnerung
an mein erstes Auto, damals als die
Mauer noch stand und Berlin
eine Insel war, umstellt und belanglos
für die große Politik. Nur die schmale
Autobahn und die Straße bis nach Lauenburg,
baufällig und unter Bewachung gestellt.
Ich fuhr zum ersten Mal allein Richtung Husum,
um ans Meer zu kommen, zu der Heimat
meiner ersten Gedanken, meiner ersten Liebe,
meiner ersten Erwartung. Transit
hieß die Strecke in der fremden Republik.
Schlagloch reihte sich an Schlagloch und grau
war das Land und grau die Fassaden der Häuser.
Grau waren die Fenster und die Gardinen dahinter
grau in grau, bis ein paar Kinder herankamen,
als ich im Stau stand in einem
dieser Dörfer, und mein Auto beguckten.
Durch das offene Fenster
das Lenkrad befühlten und Auf Wiedersehen
sagten, als ich weiterfuhr.

Workshop Proof / „Tulukaruq" / C. Rivett-Carnac '18
Chocolate Ink Studio – South Africa

Der Fels

Als Bocksprünge
Urteile waren,
als die Wirkung der Psalmen
noch hypnotisch war,
und der Leib
im Gebrabbel
von Gebeten versank,
ließ eine Plastiktüte,
gefüllt mit künstlichen Worten,
das Alte Testament
zu einer Kultur des Vergessens werden.
Areopag.
Gipfel der Posterektion.
Dann dieser Schlaf,
dieser tausendjährige Schlaf,
gestützt auf das Schwert
der Bekehrung.
Als die Heide brannte,
klirrte die Glocke
und abseits,
abseits splitterte der Fels.
Nur der Rabe flog,
wie er immer flog,
setzte sich auf einen Stein
und begann zu verstehen.

Pharisäer

Ich ging am Deich entlang,
im Dämmern
schob der Wind mich
bis nach Katingsiel.
Dort stand das Friesenhaus
von Frau Andresen.
Ein dunkles Zimmer
war als Gastraum hergerichtet.
Für die Eingeweihten
ein paar Tische,
Stühle für die Schweiger.
Bilder an der Wand erzählten
von dem Meer und seinen Schiffen.
Verwaschene Fotos in Schwarz-Weiß
zeigten jene, die der Sturmflut trotzten, damals
als „Landunter" das Kommando war.
Neben der Tür hing
wie eine Formel an der Wand,
ein Kreuz mit einem Lebensmotto.
Die Nacht war klar und gab die Sterne frei.
Die letzten Wolken zogen weiter.
Der Mond als bleiche Eminenz erschien im Fensterglas.
Fast kam es mir so vor, als hätte er
der Dunkelheit befohlen, durch Tür und Rahmen
aufzuheulen mit dem Wind.
Wortlos wurden Kerzen angezündet,
jemand knipste eine Deckenfunzel an.
Der heiße Pharisäer schmeckte,
entfaltete den Rum auf meiner Zunge
und hielt die Stunde, die ich blieb,
wie ein Gemälde im Gedächtnis fest.

Wenn der Gesang gesungen ist

Lyrik ist wie helles Flohmarktlicht
oder wie das Nachtschwarz
unbewohnter Räume.

Bunt sind die Blätter
der Erinnerung,
bunt ist der
Abschlussgesang des Lebens.

Komm … zieh den Mantel der Nacht an,
setz die Kapuze des Schattens auf,
lass dich zu der Quelle deiner Worte führen,

Zu vergessenen Ufern,
weil dort der Wellenschlag der Zeit zu hören ist.

Arnsberg

Arnsberg, eine Station von vielen
Bahnhöfen in diesem Land
mit diesen Bergen nebenan,
an die sich Wälder klammern.
Bergab geht es zu einem Haus,
das jetzt andere bewohnen.
Nur damals, früher, als es lebte
und die Namen Trudi,
Herbert, Alfred, Bernd geläufig waren,
wurde kein Staub
aus fremdem Gewebe geklopft.
Wie Flügelmuttern, die auf kein
Gewinde passen,
wird das, was früher war,
in großen Mengen abgeschafft.
Die einst lebten, ruhen jetzt
in den üblichen Gemächern.

Abschiede

Es gibt diese Nächte, deren Licht
unwiderstehlich ist. Es gibt diese Wiesen,
die Zufluchten sind für die Tautropfen des Klees
und die gläsernen Pfeile des Himmels.

Es gibt diese Nächte, in denen eine Hand
zu einem Augenblick der Wahrheit wird,
zu einem Ort des Rausches und der Liebe,
die das Flüstern von den Blättern der Bäume trinkt.

Und ich koste die Farbe des Horizonts
aus, ich koste die Zeit des Beuteflugs
aus, den Tanz der Fledermäuse am Abend,
wenn das Meer seine Wahl trifft und die Stimmen

Von gestern in der Brandung zu hören sind.
Wie die Gesten des salzigen Wassers meine
Wangen berühren und der Wind den Rocksaum
meiner Gedanken über den Ginster und den Sand

Der Dünen wie zur Erinnerung in die Höhle
meines Mundes weht, so gibt es verlassene
Häuser und vergessene Straßen und Worte des
Abschieds unter dem Rauschen der Bäume.

Aufbruch

Du nahmst des Ginsters Blüten
mit in dein Gepäck.
Sprachst dein Beileid aus,
denn es war eine Taube,
die starb.

Die Flamme des Feuers fing an
durch das Gehölz zu singen.

Der Wind fraß dabei
die Brombeeren auf,
ließ unter der Eiche tote Wurzeln zurück.

.

In den Wassern

Du und ich, wir waren eins
in den Wassern unserer Begegnung.

Wir trafen uns
in den Wassern

Und sangen das Lied von der Liebe. Wir sangen
das Lied beim Eindringen in die Tiefe.

Wir sangen es, fühlten es, fühlten das Wasser in uns,
bis ich mich in deiner Tiefe ergoss.

Da schufst du dir dein eigenes Wasser,
führtest Gespräche mit dir und dem Wasser.

Weil du das Werden erschufst
ließest du es werden. Was in dir drin war wuchs.

Und du wusstest, dass es gut war - Göttin.
Denn als sich deine Brüste erhoben,

Und ich in deiner Tiefe kam,
wenn ich also kam in deinen Wassern so tief,

Wurde es Morgen und Abend, wurde es zu der Summe
all unserer Wasser in uns. Denn als es kam

War es gut und ich wusste, dass es gut war, dass du
gut warst. Du warst gut in all deinem Werden

Warst du eine Göttin des Wassers. In all deinen Wassern
liebten wir uns in der Tiefe des Wassers.

VI

(Aus der Sicht einer an Alzheimer erkrankten Frau)

Ein Requiem

Auf den Flügeln des Mondes schaue ich dir hinterher,
　Geliebter.
Mein Geist ist umnachtet und schwer an Schmerz,
an unsagbarem Schmerz.

Und dennoch, ein dankbares Lächeln verstreust du.
Herrliche Äpfel ließest du mich pflücken in all den
　Jahren.

Ich trage schwer an dem Verlust meines Verstandes,
an der Trauer, die ich nicht mehr trauern kann,
seitdem die dunkle Seite des Mondes
mich in Besitz genommen hat.

Die Schönheit meiner Träume ist mir geblieben, die ich
　träume,
wenn dein Name in meinem Gehirn wie ein
Schmetterling
kreist.

War da nicht Liebe? War da nicht Zugehörigkeit, die uns
　trug,
wie eine Mutter, die uns segnete all die Jahre?

Ich spreche von der Wahrheit des Glücks.
Ich spreche von dem Glück einer Liebe,
die so tief ist wie das Meer,
so unergründlich,
so göttlich in ihrer Gesamtheit.

Oh Wahrheit des Verstandes.
Oh Stirnband des bewussten Erlebens,

das mir abhandengekommen ist.

Es sind die Momente, in denen der Tau eine Rolle spielt.
In denen der Tropfen eines vergangenen Regens
von einem Baum fällt.

Dort gehe ich entlang,
allein mit mir und meinen Träumen,
um zu suchen, was war,
warum es uns gab
in unseren Nächten und Tagen.

Nun nehme ich Abschied, Geliebter.
Von dir,
von deinen Händen,
von dem Schlag deines Herzens.

Mächtige Wolken lasten auf mir.
Doch ich fühle den Strahl einer Liebe,
die das Dunkle durchdringt,
die das Spiegelbild eines Morgens auf mich wirft
für einen Moment.

Es ist das Unstillbare, das uns findet.
Es ist das Geheimnisvolle des Lebens,
das uns aufhorchen lässt.
Das uns zu dem werden lässt, was wir sind.

Und du, Geliebter,
lässt die Opfer hinter dir
und die Trennung, in die ich gefallen bin.
Eine Trennung von Schatten und Licht.

Für dich gibt es nunmehr nur noch Licht,
und für mich, solange ich lebe, den Schatten.

Aber ich kenne die Wahrheit, Geliebter.
Ich weiß von der Tragik und von der Schönheit des
 Todes,
von dem, was uns gemeinsam ist.

Kein Glaube kann uns heilen.
Kein göttliches Palaver.
Nur der Kranz einer Liebe,
die tief in uns verborgen ist.

Einer Liebe, die uns wiedererkennt,
wenn die aufgehende Sonne
uns zusammenführt,
dann werden wir uns erkennen, Geliebter.
Weil wir uns kennen.

Meinem Freund Horst Lübeck gewidmet, weil ich seiner an Alzheimer
erkrankten Frau durch dieses Gedicht eine Stimme geben wollte.

> Ich sah Knechte auf Rossen und Fürsten
> zu Fuß gehen wie Knechte. Prediger 10:7

Helle Fenster

Sagt mir, wie es aussieht mit den Hohen da oben,
mit dem Licht ihrer Fenster, das an- oder ausgeht,
als wären es riesige Scheinwerfer, die ihre Geraden
quer durch den Himmel auf die Erde werfen.

Sagt mir, was los ist mit der anderen Betrachtungsweise,
mit der Herangehensweise an Dinge, die uns
zu dem machen, was wir sind, obwohl kein Geldstück,
das in einer Hand gedreht wird, irgendein Interesse
    daran hat.

Sagt mir, wie die Großen es halten mit der Bereitschaft,
mit der unverzichtbaren Notwendigkeit, etwas zu
ändern, und ob sie überhaupt daran interessiert sind, uns
weiterzubringen, und ob sie intelligent genug dafür sind.

Sagt mir, wie es aussieht mit dem Ross, auf dem sie
sitzen, wie es um die Paradiese bestellt ist, die es noch
gibt, und die von ihnen bewohnt werden, fernab von den
Slums dieser Welt. Wie sieht es aus mit den Hohen da
    oben?

Mit den Vielrednern, mit den Plakatgesichtern, mit den
hellen Fenstern in den Banketagen. Sagt mir, wie es
aussieht mit dem Schreibtisch der Macht, an dem um
Sein oder Nichtsein gespielt wird und an dem
die Hohen da oben so tun, als wären sie Licht.

Die Entdeckung

Die Wachsoldaten auf der anderen Seite
der Mauer zeigten auf uns,
über den Todesstreifen hinweg,
und hatten vielleicht nur die Gebäude
und den weitläufigen Park im Blick.

Nach all den Jahren,
und den aufgegebenen Grenzanlagen,
den gefällten Türmen
und zerstörten Selbstschussanlagen,
sind die Erinnerungen an die Kalaschnikows
und die auf Menschen abgerichteten Hunde
immer noch lebendig.

Heute ist es gut zu wissen:
Flucht ist ein Menschenrecht,
der Glaube an das Gute,
eine Notwendigkeit.

Wunden der Straße

Die Straße vor meinem Haus,
ein Ort der Begegnung. Wir nicken
uns zu, heben freundlich die Hand,
sagen was über das Wetter und gehen weiter.

Doch das Gemetzel der Worte hinter Türspionen
bleibt. Jede Stunde hat ihre Zwangsjacke,
jede Stunde lässt Bitterstoffe in die Kehle tropfen.

Auch wenn uns die Sonne nah ist,
platzt manchmal das Ödem eines Gewitters auf,
verwirbeln hingeworfene Worte.

Drei Geschichten vom Tod

Erster Teil

Ein Messer
in der Hand eines Meisters.
Die Schneide ist scharf,
legt die Leber eines Kugelfischs frei,
trifft den Kern des Geschmacks,
geht unter die Haut,
schürt das Feuer,
lässt brennen, sieden, kochen.
Lässt Dampf aufsteigen,
der in kleinen Flocken verschwindet.
Der Gott der Kochkunst
vollendet sein Werk,
hat Fische zerschnitten
und zerlegtes Fleisch
in den Rang eines
Kunstwerks erhoben.

Zweiter Teil

Ich sehe die Vögel im Park,
sehe ihr glitzerndes Gefieder.
Der Tau des Morgens
liegt auf der Wiese.
Noch steht die Sonne tief,
doch ich sehe
die Augen der Vögel,
höre ihr erschrecktes Rufen,
sehe, wie sie durch das Geäst
der Bäume flattern.
Ein Fuchs ist unterwegs.
Lässig überquert er die Wiese.
Hat den Liebestanz
zweier Tauben entdeckt,
am Ufer der Havel.

Dritter Teil

Es ist nicht so,
dass der Blick aus dem Fenster
immer Normalität verspricht.
Zwar ist das, was ich sehe,
auch das, was ich gestern schon sah.
Die einzige Veränderung
ist das Laub,
das vom Wind
hin und her geworfen wird
und die Schlieren des Regens,
die Pfützen auf dem Asphalt.
Meine Katze ist ein lautloses Tier,
ein dunkler Schatten,
der sich an mich schmiegt,
manchmal zitternd,
wenn sie Vögel vorbeifliegen sieht.
Die Pappeln auf der anderen Seite
stehen in Reih und Glied.
Wind reißt ihnen
das Laub vom Geäst.

Quadrat

Was ist los,
hör ich dich sagen.
Was hängst du ab
in unbekannten Räumen?

Warum frierst du?
Warum deckst du dich nicht zu?
Warum träumst du,
was du träumst?

Lass einfach los,
sagst du,
lass dich fallen,
in die Arme einer Sünderin.

Sie hält dich trocken,
hält dich warm,
denn nichts ist schlimmer
als ein Gott und leere Worte.

Wilde Orchidee

Ich hatte sie gepflückt,
die Rose,
im Blumenladen
an der Ecke,
da hab ich sie gepflückt,
die wilde Orchidee.

Irgendwie ging ich dann
in die Straße
zu dem Haus,
in dem sie wohnte,
da ging ich hin
und sagte mir,
ich habe sie gepflückt.

Die Rose,
die wilde Orchidee,
im Blumenladen
an der Ecke
hab ich sie gepflückt.
Und Wind kam auf,
Regen peitschte hernieder,
und Eiskristalle fielen
vom Himmel.

Und ich stand in der Straße
vor dem Haus,
in dem sie wohnte.
Die Erde tat sich auf,
ein Vulkan brach aus.
Irgendwo
fraß ein Erdbeben Menschen,
verschlang Häuser

und Berge.

Und ich stand
in der Straße
vor ihrem Haus,
in dem sie wohnte.
Die Rose in meiner Hand,
die wilde Orchidee,
ich hatte sie gepflückt,
im Blumenladen
an der Ecke.

Warum wir sind, was wir sind

Alle Macht der Unzufriedenheit.
Alle Macht der Welt,
die kalt und hart
und immer nur berechnend ist.
Die kaum ausgesprochen,
längst gedacht und voller Grenzen ist.
Die neben einem Bild der Anarchie
ein Haus verkauft, in dem
der Mensch nur Untermieter ist.
In dem die Glasfassade
des postmodernen Lieds
vom Glück nicht der Hauptgewinn
der Wirklichkeit, sondern nur
die Brechung einer Wahrheit ist.

Dem zu Schreibenden

Und wenn ich mich freimache
von dem, was ich geschrieben habe,
um es anders zu schreiben,
so bedeutet das,

Dass das zu Schreibende nicht mehr dem entspricht,
was zu schreiben ich vorhatte. Das zu Schreibende wird
so zu etwas anderem.

Da aber das, was bereits geschrieben wurde,
der Grund ist, warum das zu Schreibende
geschrieben wird, entspricht das, was geschrieben
wird, dem, was zu schreiben ich vorgehabt habe,
weil das zu Schreibende,

Dem bereits Geschriebenen
entschrieben wird.
Darum ist das zu Schreibende, wenn es geschrieben
worden ist, das, was hat geschrieben werden sollen.

Gülcan

Und dann gibt es noch die Liebe,
die mit den Tränen ringt. Jede
Begegnung reißt Wunden auf.
Jahr für Jahr wird das Erwachen der Bäume
zu einem Erlebnis, zu einem Glück,
das auch etwas mit Unglück zu tun hat.
Gülcan, ach Gülcan, diese Unendlichkeit
in der Farbe deiner Iris. Diese Mischung
aus erdigem Braun und der grünen Bläue
eines kurdischen Bergsees. Diese Tiefe
in deinen fragenden Augen. Diese Weite.

Der wilde Mann

Das Gebäude in all den Jahren ist nicht besser
 geworden.
Es sieht verfallen aus. Eine Ruine, und immer öfter
fällt der westliche Himmel mit seinen
Sonnenuntergängen auf, genauso wie der Gesang des
Windes im Kamin.

Die Fenster nach Süden sind geschlossen,
aber manchmal brennt die Sonne gnadenlos
auf die Dächer der Stadt. Regenfluten lassen
das Wasser in Gullys ansteigen.

Mehr als früher bleibt der Gesang in den Fugen zurück
und das Fauchen des brennenden Tigers am Abend.

Wer kann noch gelassen bleiben, wenn eine Stimme
aus den Gräbern zu hören ist? Und was meinst du
mit der Vielfalt alter Rosenstöcke
und deren Veredlungsstellen,
die keine Kraft mehr haben zu erblühen?

Ich habe all die Träumer satt, die eine bessere Welt
 versprechen.

Der Tag ist wie ein wilder Mann. Wer weiß,
was kommt und ob es friedlich bleibt.
Gestern erst las ich von diesem Crash auf der Autobahn,
und das selbst Kinder dabei umgekommen sind.

Sommer

Ich weiß nicht, warum es mir schwerfällt,
ein Gedicht über den Sommer zu schreiben,
vielleicht weil einige Tage zu schön sind,
um wirklich zu sein. Vielleicht weil die
Beschreibung eines Sommertags sich im Regen
auflösen kann und weil die Gefühle des Anfangs
keine Bedeutung mehr haben. Vielleicht kommt es
auch daher, dass niemand gern über etwas redet,
von dem jeder weiß, dass es allzu schnell endet.
Vielleicht ist das die eigentliche Erkenntnis.
Alles wird auf den Punkt gebracht, im Vergleich
zur Trübsal eines späten Herbstes, an dessen Ende
der Tod die Auflösung ist. Aber geht es nicht
immer um das Erwachen aus einem Schlaf?
Um den Geruch von frisch gemähtem Gras,
der in der Luft liegt, mit einer süßlichen Note,
und um das Lächeln einer Frau, das einen
weiterbringt, und dass auch ein friedlicher
Augenblick etwas Besonderes sein kann?

Gehen

Irgendwie ist das so eine Sache mit dem Abend.
Du weißt, dass er kommt, siehst ihn von fern,
und wenn er da ist mit all seinem Glanz und Gloria,
staunst du darüber, wie schnell es passiert.
Am Anfang sagst du, wenn es so weit ist, wird das
und das getan. Und dann kriecht der Abend zu dir
herauf wie eine Schlange, die sich
um deine Beine zu winden beginnt.
Wenn das passiert, dann weißt du,
dass es an der Zeit ist zu gehen.

Nachlass

Wenn man mich fragen würde,
was ich als meinen Nachlass ansähe,
dann würde ich sagen,
dass es die Vorstellung ist,
wie ich am Ufer der Havel stehe
und die Sonne
ihre ersten Strahlen
auf das Wasser wirft.

Ich würde auf die Strömung verweisen,
auf das langsame Fließen,
auf die Richtung. Ich würde
über die Bäume sprechen,
die auf der anderen Seite stehen.
Die Erle neben mir
wäre meine Nachlassverwalterin,
genauso wie die Stille an diesem Tag.

Ich würde das Zwitschern der Vögel beschreiben,
ihren Flug in das Licht.
Purpurne Wolken und das Geräusch
der Wellen am Ufer.
All das würde ich
als meinen Nachlass bezeichnen.

Das große Buch

Ich tanze im Dom mit den Gefährten des Windes,
der Dom ist hell und groß; und Licht fällt
zitternd herab, durch das Glas der grünen Fenster.
Die Orgel hat leise ihre Register gezogen.

Es hört sich wie das Rauschen des Meeres an,
wie der Takt eines Herzschlags, der aus dem Inneren
der Erde kommt. Horch, die Toccata, horch,
diese glitzernden Klänge. Der Dom beginnt

Alles von sich preiszugeben. Siehst du das Gestühl
und die Empore, den Altar dort hinter dem
blühenden Holunder? Und die Messdiener,
wie sie einstimmen in den Chor der gewaltigen

Stimmen? Die rauschenden Töne der Orgel sind
jetzt erblüht, ganz atme ich die Größe,
die himmlische Weite unter dem grünen Dach,
das immer wieder zitternd tanzt mit dem Licht.

Du sagst, es geht um die gewaltige Freiheit,
um die des Lebens, um das Buch, das aufgeschlagen
   wird.
Seine Seiten sind die Erde und das Gras.
Es wird durch die Kraft der Bäume geschrieben.

Brüderlich

Alles ist, wie es ist, und wie immer
machen sich die Jahre breit.
Fläzen sich auf unsere Haut
und narben sich ein, tiefer gehend,
damit das Unmögliche möglich wird.
Du bist schon lange nicht mehr das,

Was du mal warst. Auch du hast Federn
gelassen, Big Brother, der größte Held
unter der Sonne. Mit Punkt oder Komma
und ständig auf Abruf für das Weite
da draußen, hast du dich verändert,
genauso wie ich. Und nach deinem Abschied

Habe ich gelernt fern von dir zu sein.
Ich habe gelernt über dich zu schweigen,
mein Bruder. Und dennoch bist du
trotz der vielen Jahre, die zwischen uns liegen,
und obwohl du sicher vor mir sterben wirst,
meiner Schläfe immer noch vertraut.

Was sind schon zwanzig Jahre.
Zwanzig Jahre seit sich nun die Erde
über unseren Eltern schloss.
Doch die Funktion der Minute
hat nicht ausgereicht, den Abstand
zwischen uns zu verringern.

Bilder währen lange, bevor sie verblassen,
und zwanzig Jahre, was ist das für einen Baum
zum Beispiel? Ein Atemholen
vielleicht, ein Es-sich-bequem-Machen
in dem Stück Erde, mit dem Wissen,

dass es mehr als nur ein Menschenleben braucht!
Und wir sind allenfalls nur ein Jahrhundert
verwandt miteinander, wenn überhaupt,
und sprechen schon lange nicht mehr
dieselbe Sprache. Denn das Leben
ist die Momentaufnahme einer Münze,
die in die Luft geworfen wird.

Und es gibt keinen Schutz vor Gewittern,
es gibt keinen Schutz vor den Wüsten,
vor den Gebirgen, die zwischen uns liegen,
vor den alten, dicht gepflanzten Wäldern.
Zu viele Kontinente liegen zwischen uns.
Zu viele Großstädte des Schweigens,

Die voller Canyons und kalter Glasfassaden sind,
in denen sich das Licht von Laternen spiegelt in der
   Nacht
und am Abend Neonlichter, zu denen man sich
immerzu bekennt. Die Sonne kann
die Schatten nicht bezwingen, es gibt nichts mehr
Gemeinsames. Kein Brudersein, das uns noch schützt.

Vielleicht ist noch ein ernst gemeintes Lächeln
und ein neuer Anfang etwas wert. Doch keine fernen
   Bilder
und kaum dem Schweigen abgetrotzte
Kommas werden Künftiges gestalten.
Was bleibt, ist nur ein Schulterzucken und die Stirn,
die mit Absicht abgewendet wird.

Befruchtung

Immer wieder formt sich ein Gedanke aus dem
Konzentrat aller Gedanken. Aus der Tiefe des Wissens
löst er sich, wird herausgebrochen aus dem Kern seines
Ichs. Steigt zur Oberfläche empor, um sichtbar zu
werden auf dem Meer, auf der Oberfläche des Seins.
Dort wird er aufgenommen, wird heraufgetragen, wird
abgestempelt und deutlich gemacht, markiert
sozusagen, abgelegt, und weitergereicht
von Mund zu Mund. Danach sinkt er ein in das Meer
allen Denkens, geht ein in die Tiefe, in die Tiefe eines
veränderten Seins. Der Gedanke.

Zu dem Gedicht „Helle Fenster"

Das Gedicht „*Helle Fenster*" besteht aus fünf Strophen, die jeweils aus vier Zeilen bestehen. Es ist ein reimloses Gedicht, weil der Inhalt die Form bestimmt. Die Zeilen transportieren einen Pessimismus, der nicht zu glauben scheint, dass diese Welt noch zu retten ist. Deshalb werden auch Wendungen wie: *Sagt mir, wie die Großen es halten mit der Bereitschaft / ... etwas zu ändern //* oder: *... ob sie überhaupt daran interessiert sind, uns weiterzubringen ...* verwendet. In diesem Zusammenhang bezeichnet das Gedicht zudem die sogenannten „*Großen*" oder „*Hohen*" als *... Vielredner ...* als *... Plakatgesichter ... die nur so tun, als wären sie Licht ...* weil sie hinter den „*Hellen Fenstern*" an ihren Schreibtischen der Macht das Spiel „*... um Sein oder Nichtsein ...*" spielen. Zumindest in diesem Fall stellt das Gedicht ein Faktum auf, dem nicht zu widersprechen ist. Das Gedicht selber vermeidet ansonsten aber vordergründig eine klare Stellungnahme. Es stellt jedoch die Vermutung in den Raum, dass die Gesellschaft zum Untergang verurteilt ist, wenn die, die mit den „*Hellen Fenstern*" in Verbindung gebracht werden, nur an der Vermehrung ihres Reichtums und an der Verwirklichung ihrer eigenen Interessen interessiert sind. Deshalb beginnt das Gedicht auch mit den Worten „*Sagt mir ...*", was als Aufforderung verstanden sein will, über mögliche Szenarien globalen Scheiterns nachzudenken. Aus diesem Grund stellt das Gedicht mit den Worten: „*Sagt mir ... ob sie intelligent genug dafür sind*" zwar einen Zweifel in den Raum, nährt aber gleichzeitig die Hoffnung, dass Lösungen für die globalen Probleme gefunden werden. Das Gedicht will also nicht von vornherein den „*Mächtigen dieser Welt*" die Fähigkeit absprechen, aus dieser Welt eine bessere zu machen. Allerdings scheint der Zweifel an der Vernunft der „*Hohen*" hinter den „*Hellen Fenstern*" nicht unbegründet zu sein, weil der Bibeltext die Menschlichkeit von „*Fürsten*" (den „*Hohen*" hinter den „*Hellen Fenstern*") infrage stellt. Der Weise fand offensichtlich zu seiner Zeit eine Welt vor, in der reiche und mächtige Menschen Schwierigkeiten damit hatten, anderen gegenüber achtsam zu sein, wodurch sie zu Knechten ihrer selbst wurden. Die aber, die aufgrund ihres niedrigen Standes zu Fuß gehen mussten, waren für den Weisen die eigentlichen *Fürsten*, weil sie sich, so legt es der Bibeltext nahe, durch ihre Menschlichkeit adelten.

Zu dem Gedicht „Ein Havelmorgen"

Dieses Gedicht habe ich vor über dreißig Jahren geschrieben. Es ist ein gewolltes, ein absichtsvolles Gedicht, denn ich stand am Morgen eines Spätsommertages am Ufer der Havel und wollte dieses Gedicht. Die Sonne war gerade aufgegangen, und ihr langweiliges Licht ließ die Uferlandschaft unwirklich erscheinen. Eine Nebelbank der Nacht lag noch auf dem Wasser, was typisch für die Havel ist, und ich wollte ein Gedicht erschaffen, dass den flüchtigen Moment plastisch werden lässt, in dem der beginnende Tag den Saum der Nacht berührt. Die zweite Ebene dieses Gedichtes war die Anknüpfung an das Gedicht *„Abseits"* von Theodor Storm. Storms Gedicht begleitet mich schon seit meiner Jugend und kann ohne Weiteres als Gedicht meines Lebens bezeichnet werden. Die Einsamkeit, das Abseitsstehen, das Heimatgefühl sind wichtige Attribute für mein lyrisches Ich und Storm hat diese, wie ich finde, in seinen Gedichten sehr gut verkörpert. Die letzten zwei Zeilen des Storm-Gedichts lauten: *„...kein Klang der aufgeregten Zeit/drang noch in diese Einsamkeit"*. Aufgeregte Zeit – aufgeregtes Leben, das ist die Verbindung, die ich von dem Gedicht *„Abseits"* zu meinem Gedicht gezogen habe. Während zu Storms Zeiten die Natur noch in Ordnung, und die Landschaft ein Refugium für das Leben und die Naturbelassenheit an sich war, reduziert sich heute das Gefühl, mit der Natur eins zu sein, vor allem in der Stadt, nur noch auf wenige Refugien. Heute ist vor allem in einer Stadt wie Berlin so gut wie alles erschlossen, alles ausgebaut und dem *„aufgeregten* Stadt*leben"* preisgegeben. Orte, die für einen Moment, für einen Augenblick die Natur noch erleben lassen, sind selten geworden. Einen solchen Ort fand ich aber damals und ließ ihn auf mich wirken. Bis heute hat sich an der Faszination dieses Erlebnisses in mir nichts geändert. Für einen Moment schien ich zurückversetzt zu sein in die Urlandschaft der Havel, in ihre Ursprünglichkeit, obwohl die Straße, über die bald der Berufsverkehr rollen würde, nicht weit weg war. Es war ein Moment der Stille, des Innehaltens, ein Augenblick, den ich fast als Tempelsituation bezeichnen würde, eine Form der Andacht, so als wäre die Natur im Moment des beginnenden Tages ganz bei sich, und ich ein Besucher, der den Atem anhält. Unter diesem Eindruck schrieb ich die erste Zeile meines Gedichtes, und die lautete:

„Noch schweigt in der Morgenstunde
das aufgeregte Leben ..."

Wie unkonventionell. Die erste Zeile beginnt also mit zwei Hebungen, an die sich eine Pause anschließt. Nach der Pause geht es mit zwei Senkungen weiter, einer Hebung, an die sich drei Senkungen anschließen. Ich fand dieses eigenwillige Metrum sehr passend für den Einstieg in mein Gedicht, denn über die vielen Jahre bin ich von dieser Silbenanordnung nie abgewichen. Ich hatte zwar auch überlegt, anstatt „*... in der Morgenstunde ...*", „*...in dieser Morgenstunde ..."* zu schreiben, was ein konventionelles Metrum zur Folge gehabt hätte (*Noch **schweigt** in **die**ser **Mor**genst**un**de*). Warum bin ich aber lieber bei (***Noch** **schweigt** in der **Mor**genstunde*) geblieben? Genau erklären kann ich es nicht. Mir war das „*richtige"* Metrum in der ersten Zeile einfach zu profan. Ich wollte den Leser überraschen, denke ich, zumal, der Moment, der dieses Gedicht in mir hervorgebracht hat, etwas Besonderes, etwas Einmaliges war. Es erschien mir der Besonderheit des Augenblicks einfach angemessen so zu schreiben, und mein lyrisches Ich wehrte sich, und wehrt sich auch heute noch dagegen, das Gedicht mit:

*„Noch schweigt in dieser Morgenstunde
das aufgeregte Leben ..."*

beginnen zu lassen. Nein mir war und ist die Pause zwischen *„...schweigt ..."* und *„...in der Morgenstunde ..."* wichtig. Ich wollte die *Morgen*stunde an sich darstellen, und nicht nur einen Moment, der in der Flüssigkeit des vierhebigen *Jambus* untergeht. Die Havel ist und bleibt ein geheimnisvoller Fluss. Wenn man ihr zuhört, wenn man sie auf sich wirken lässt, dann spürt man eine Verbindung zwischen der Natur heute und der Natur der Vergangenheit. So als ob der feine Nebel, die Nebelbank, die am Ende der Nacht für kurze Zeit noch auf dem Wasser lag, etwas Lebendiges gewesen wäre. Und wie das Wasser und der Nebel plötzlich von Farben überschüttet wurden, wie das langwellige Licht des Morgenrots die Flusslandschaft für einen flüchtigen Moment in eine Diffusion verwandelte, in der die Grenzen des Erklärbaren und Unerklärbaren aufgehoben schienen. Das glitzernde Wasser, die Stille, weil kein Vogel die Stimme erhob, kein Tier in den Sträuchern zu rascheln wagte, und selbst die Wellen sanfter ans Ufer zu schlagen schienen. Dieser Moment dauerte nur Sekunden. Es war ein Atemholen, ein Innehalten, eine Andacht, als hätte ich, der Besucher, die Ehre gehabt, mitten im Tempel der Natur zu stehen. Und aus diesem Grund konnte das Metrum im weiteren Verlauf des Gedichtes nur einen volksliedhaften Charakter haben. Ich habe also auf einfache Fügungen zurückgegriffen, wie z. B. *„Die Sonne küsst ...",* oder *„...das heimatliche Bild ...",* was zwar im ersten Moment überholt erscheinen mag, aber absolut passend ist, und an diesen Stellen auch so ins Gedicht gehört, weil sonst der einfache, der tänzerische, der ländliche Rhythmus verloren gehen würde. Das Gedicht ist eine Naturbeschreibung, eine, die die Zwischenwelt des flüchtigen Lichts beschreibt, nämlich den Moment der Dämmerung des aufgehenden Tages. Die Hebungen und Senkungen in den einzelnen Zeilen sind ungleichmäßig, trotzdem harmonisch ineinandergefügt, wodurch das Gedicht leicht zu lesen ist, weil der Rhythmus dem Rhythmus der Wellen entspricht, die ans Ufer schlagen. Auch diese sind nicht immer gleich. In der 21. Zeile jedoch wiederhole ich in etwa wieder den oben beschriebenen Gedichteinstieg, der aber nicht mehr so markant ist wie die erste Zeile. Denn in der letzten Strophe meines Gedichts wollte ich das Crescendo der Natur hervorheben. Waren es, wie die fünfte Strophe beschreibt, nur einzelne *„Vogelstimmen"* und *„Tiergeräusche",* füllte sich die Luft plötzlich mit einem so lauten Gezwitscher, als ob ein Dirigent den Stab gehoben hätte, und der ganze Chor der Natur zu singen angefangen hätte. Es war schön, fast erschreckend schön, wie mit einem Schlag, die Natur mit *„...zwitscherndem Erregen / dem Morgenrot sich dargebracht ..."* hat. Ein solches Erlebnis hatte ich nie wieder, egal, wie oft oder wie früh ich an solche Orte noch einmal gegangen bin. Vielleicht mag es in der Vorzeit der Havel so gewesen sein, als alles in der Havellandschaft noch ursprünglich war, und der Mensch seinen Einfluss auf diesen Fluss noch nicht so geltend gemacht hat wie heute. Vielleicht war es noch einmal ein Nachklang dieser Ursprünglichkeit, und mein dichterisches Gespür hatte mich einfach nur zur richtigen Zeit an den richtigen Ort geführt.

Inhaltsverzeichnis:

I

Ein Havelmorgen   6

II

U-Bahnhof Zoo   8

Abseits   9

Mondkreis   10

Bei Erdarbeiten auf dem ehemaligen Flughafen Gatow   11

Angeldust   12

Beuys   14

Stille   15

Gestreute Sehnsucht   16

Frühlingsanfang   17

Da war nichts weiter – Eine Anklage   18

Erwachen   20

Frühjahrsputz   21

Boot auf den Wellen   22

Meine Augen   23

Pulsschlag   24

An einem Sonntag   25

Symbiose   26

Novemberelegien   30

Der Schritt aus dem Haus   34

Nur keine „Panic"   36

Jahreszeiten   37

Egoist 38
Fundstück auf Hiddensee 39

III

Dunkler Walzer 41
Sommertau 42
Nummer 168 (Eine dieser Erinnerungen) 43
Resümee 45
So wird es Abend ... 46
Wer mit wem und warum 47
Gemaltes 48
Havelregatta 49
Verweht 51
So weiß war ich noch nie 52

IV

Spanisches Gebet 54
Blumenkinder 56
Der Augenblick der Vernunft 57
Wegbeschreibung 58
Eins dieser Leben 59
Waldbild 61
Oktoberregen 62
Beginn 63
Streitgespräch 64
Mädchen 65
Der Schuld zuletzt 66
So vieles bleibt doch ungesagt 68

Verbrennungen 69
Abschied 70
Lebendigkeit 72
Das Schnippchen 73
Zeit 74
Einer von vielen 75
Landurlaub 76
Dem Herbst 77
An solch einem Tag 78
Perfekt 79
Das Geheimnis der Fenster 80

V

Erinnerungen an das Meer 83
Rückblick 84
Lichtjahre 85
Auflistung 86
System 87
Lied meiner Generation 88
Liebesdinge 89
Der Dummheit gewidmet 90
Transit 91
Der Fels 93
Pharisäer 94
Wenn der Gesang gesungen ist 95
Arnsberg 96
Abschiede 97
Aufbruch 98

In den Wassern   99

VI

Ein Requiem   101
Helle Fenster   104
Die Entdeckung   105
Wunden der Straße   106
Drei Geschichten vom Tod   107
Quadrat   110
Wilde Orchidee   111
Warum wir sind, was wir sind   113
Dem zu Schreibenden   114
Gülcan   115
Der wilde Mann   116
Sommer   117
Gehen   118
Nachlass   119
Das große Buch   120
Brüderlich   121
Befruchtung   123
Zu dem Gedicht „Helle Fenster"   124
Zu dem Gedicht „Ein Havelmorgen"   126

Index   130

Vita

Hanno Hartwig wurde 1957 in Kassel geboren, wuchs in W-Berlin auf, verbrachte einen Teil seiner Jugend an der Nordsee. Er erlernte den Beruf des Landschaftsgärtners und rundete diesen durch ein Gartenbaustudium ab. Hanno Hartwig lebt in Berlin.

www.ingramcontent.com/pod-product-compliance
Lightning Source LLC
Chambersburg PA
CBHW050833160426
43192CB00010B/2005